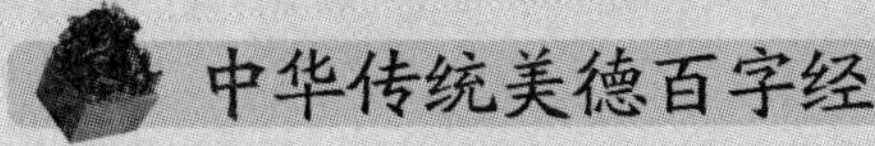

正·持正不阿

于永玉 董玮◎编

一段历史之所以流传千古，是由于它蕴涵着不朽的精神；一段佳话之所以人所共知，是因为它充满了人性的光辉。感悟中华传统美德，获得智慧的启迪和温暖心灵的感动；品味中华美德故事，点燃心灵之光，照亮人生之路。

天津人民出版社

图书在版编目（CIP）数据

正：持正不阿 / 于永玉，董玮编．—天津：天津人民出版社，2012.6

（巅峰阅读文库．中华传统美德百字经）

ISBN 978-7-201-07565-5

Ⅰ．①正…　Ⅱ．①于…②董…　Ⅲ．①品德教育－中国－通俗读物　Ⅳ．①D648-49

中国版本图书馆CIP数据核字(2012)第133809号

天津人民出版社出版

出版人：刘晓津

（天津市西康路35号　邮政编码：300051）

邮购部电话：（022）23332469

网址：http://www.tjrmcbs.com.cn

电子信箱：tjrmcbs@126.com

永清县晔盛亚胶印有限公司印刷　新华书店经销

2012年6月第1版　2012年6月第1次印刷

690×960毫米　16开本　10印张　字数：100千字

定价：19.80元

前言

中国是一个具有悠久历史和灿烂文化的文明古国，也是举世闻名的礼仪之邦。在历史的长河中，中华民族创造出了绚丽多彩的物质文化和精神文化，为人类的发展和进步做出了重要贡献。其中，中华民族的传统美德被大家代代传承。

那么，什么是传统美德？什么是中华民族的传统美德呢？通常来说，传统美德就是在自觉或习俗的道德规范中，一些被大多数人所接受并实际奉行的，而且在现代仍有着积极影响的那些美德。具体到中华民族传统美德，概括起来就是指中华民族优秀的民族品质、优良的民族精神、崇高的民族气节、高尚的民族情感以及良好的民族礼仪等，是中华民族在历史实践过程中积累而成的稳定的社会优秀道德因素，体现在人们生活的方方面面，涉及政治、经济、文化、意识等领域，并通过社会心理结构及其他物化媒介得以代代相传。

经过长期的历史沉淀，中华传统美德已融入到中华民族的思想意识和行为规范中，成为社会道德文化的遗传基因，成为整个中华民族文化的精神内涵，也是中华五千年文明史的精髓所在。继承和弘扬中华民族传统美德，可以振奋民族精神，增强民族自尊心、自信心、自豪感和凝聚力，使社会主义道德规范具有更丰富的内涵，让社会主义、集体主义、爱国主义思想等更加深入人心，成为社会主义文化的主旋律。同时，还可以更好地协调人际关系，促进社会主义市场经济的健康发展，形成有中国特色的、适应社会发展的价值观和伦理道德规范。

国民的思想道德状况，尤其是青少年的思想道德状况，直接关系着一个国家、一个民族的整体素质，关系着国家前途和民族命运。目前，我国已进入改革发展的新时期新阶段，德育教育的价值和意义更是日渐凸显。大力弘扬中华传统美德，建设社会主义核心价值体系，促进社会主义文化的发展和繁荣，是建设全面小康社会的主要任务，更是实现中华民族伟大复兴的必然要求。因此，党中央非常注重我国公民道德建设，全社会也已形成了加强和改进思想道德建设的新风尚。

青少年是国家的希望，是民族不断发展和延续的根本，因此，青少年德育教育就显得更加重要。为了增强和提升国民素质，尤其是青少年的道德素质，我们特意精心编写了本套丛书——《中华传统美德百字经》。

本套丛书立足当前公民，尤其是青少年思想道德教育的现实，将中华民族的传统美德归纳为一百个字，即学、问、孝、悌、师、教、言、行、中、庸、仁、义、敦、和、谨、慎、勤、俭、恤、济、贞、节、谦、让、宽、容、刚、毅、睦、贤、善、良、通、达、知、理、清、廉、朴、实、志、道、真、立、忠、诚、公、正、友、爱、同、礼、温、信、尊、敬、恭、恕、责、仪、精、专、博、富、明、智、勇、力、安、全、平、顺、敏、思、积、利、健、率、坚、情、养、群、严、慈、创、新、变、革、争、谏、诲、齐、省、克、竞、求、简、洁、强、律。丛书内容丰富、涵盖性强，力图将中华民族传统美德的内涵囊括进去。丛书通过故事、诗文和格言等形式，全面地展示了人类永不磨灭的美德：诚实、孝敬、负责、自律、敬业、勇敢……

前言

这些故事在中华民族几千年的历史长河中，一直被人们用来警醒世人、提升自己，用做道德上对与错的标准；同时通过结合现代社会发展，又使其展现了中华民族在新时代的新精神、新风貌，从而较全面地展示了中华民族的美德。

在本套丛书中，为了帮助读者更好地理解这些源远流长的传统美德，我们还在每一篇故事后面给出了“故事感悟”，旨在令故事更加结合现代社会，结合我们自身的道德发展，以帮助读者获得更加全面的道德认知，并因此引发读者进一步的思考。同时，为丰富读者的知识面，我们还在故事后面设置了“史海撷英”、“文苑拾萃”等板块，让读者在深受美德教育、提升道德品质的同时，汲取更多的历史文化知识。

这是一套可以打动人心灵的丛书，也是可以丰富我们思想内涵的丛书……《中华传统美德百字经》向我们展示的是一种圣洁的、高尚的生活哲学。无论在任何社会、任何时代，给予人类基本力量的美德从来不曾变化。著名的美国政治家乔治·德里说：“使美国强大的不是强权与实力，而是上帝赐予的美德。假如我们丢失了最根本且有用的美德，导弹和美元也不能使我们摆脱被毁灭的命运。”在今天，我们可能比任何时候都更应关心道德问题，尤其是青少年的道德问题，因为今天我们正逐渐面临从未有过的道德危机和挑战。

人生的美德与智慧就像散落的沙子，我们哪怕每天只收集一粒，终有一天能积沙成塔，收获一个光辉灿烂的明天。《中华传统美德百字经》中的美德故事将直指我们的内心，指向人性中善良的一面，唤起我们内心深处的道德感。因此，中华民

族的传统美德也一定会在我们的倡导和发扬之下，世世传承，代代延续！

全套丛书分类编排，内容详尽、文字优美、风格独具，是公民，尤其是青少年思想道德建设的优秀读物。愿这些恒久流传的美文和故事能抚平我们每个人驿动的心，愿这些优秀的美德种子能在青少年身上扎根、发芽、生长……

导言

范濂在《云间据目抄》中说："平居议论臧贬，务持正不阿；与人交，不以盛衰为轩轾。"

持正不阿是为官者面对强权时一种不可缺少的精神。有了这种精神，才能做到"贫贱不能移，富贵不能淫，威武不能屈"。

宁向直中取，莫向曲中求，持正不阿是人生最宝贵的财富之一，以此为基础，才能做出一番轰轰烈烈的事业，成为受人尊敬的人。

孔子说："三军可夺帅也，匹夫不可夺志也。"这种注重人格独立、立身以道、持正不阿的精神，数千年来代代传承，成为中华民族优良传统的重要内容。"宁为玉碎，不为瓦全"，"生当作人杰，死亦为鬼雄"，"粉身碎骨全不怕，要留清白在人间"，"居天下之广居，立天下之正位，行天下之大道。得志，与民由之；不得志，独行其道。富贵不能淫，贫贱不能移，威武不能屈"，这些是无数志士仁人所信守、崇奉的格言。他们或为民请命，正气凛然；或舍身求法，不畏强暴；或临难不苟，视死如归，留下了许多感人至深的事迹和佳话，展示了中华民族酷爱自由、勇于斗争的传统美德。

本书中的小故事生动地反映出了中华民族的这种持正不阿的道德精神。这些故事大体可分为以下几类：一是面对着某些弑君篡位的奸臣贼子的威逼利诱，宁愿选择"戟钩其颈，剑承其心"，或汤镬鼎烹，也不愿降志以从，苟且偷生。"窦光鼐舍命查贪案"、"持节不变的洪皓"、"不惧权贵抨击弊政的吕夷简"即是这方面的典型。二是面对恶势力不惧胁迫，慷慨赴难，身可杀而志不可移的钟炌、宁死枪下不为敌伪唱义务戏的程砚秋，直言敢谏的虎臣姚天福，他们持正不阿的气节可歌可泣。尽管这些持正不阿的事例都带有一定时代和阶级的局限性，但整体看在一定意义上都表现着中华民族尚志崇道、持正不阿的大无畏精神，值得我们后人继承并加以弘扬。

目录

第一篇　皓月当空　正大光明

2　苏瓌怒斥群凶

7　公正无私的祁奚

11　在钱与权面前

15　怒埋车轮的张纲

19　社稷之臣古弼

23　刚正不阿辛公义

26　公私分明的赵绰

30　正直忠臣褚遂良

33　千古名相魏征

38　刚正不阿二贤人

41　宰相不做佞人客

43　不畏权贵的萧复

47　范仲淹和王质

51　林腾蛟弹劾朱典模

54　文征明文笔遍天下

58　出污泥而不染

61　不平则鸣马怀素

65　于成龙骑驴赴任

第二篇　是非分明　正直不阿

70　屈原自沉汨罗江

74　言不苟合，行不苟容

78　柳彧当朝正色匡风俗

82　窦光鼐舍命查贪案

87 敬肃官微敢犯权贵
90 直言敢谏鲁宗道
94 姚天福号称“虎臣”
98 杨阜辞宴
101 韩休耿直一生
104 “五胆忠臣”范仲淹
109 足不登巨公势家之门
113 主持正义的钟炌
117 一代直臣郭琇
121 是非分明的高允
125 苏轼直言国事
128 持节不变的洪皓
131 方苞折王相
134 陈小官和和珅
137 烧车御史
140 张悌殉国
144 宁死不为敌伪唱戏
148 坚持用中文作报告的丁肇中

正·持正不阿

第一篇

皓月当空 正大光明

苏瓌怒斥群凶

◎若到杀身成仁处，是时不管利害，但求一个是而已。——陈埴《木钟集》

苏瓌（639—710），字昌容。雍州武功人（今属陕西西安人）。汉苏武二十五世孙。历任朗州、歙州刺史，转扬州大都督府长史。苏瓌通晓法律，多识台阁旧章，唐中宗令其删定律令，一朝格式，皆由他修正重订。中宗复位后，累拜尚书右仆射，同中书门下，进封许国公。睿宗即位，进左仆射，为太子少傅。去世后被玄宗赠以司徒之名，谥号“文贞”。

苏瓌20来岁时考中进士，作了恒州参军。因居母丧，哀毁过人，被左庶子张大成上表荐举为孝悌。孝指对父母孝顺、服从；悌指对兄长敬重、顺从；孝悌是唐朝科举取士的科目之一。后来，苏瓌被授为豫王府录事参军，为长史王德真、司马刘祎之所器重。

苏瓌历任朗、歙二州刺史，适逢酷吏来俊臣坐赃被贬为州参军。有人怕来俊臣再被起用，为讨好他，纷纷致书苏瓌，求他代为照顾来俊臣。

苏瓌怒斥来使道：“我是堂堂州牧，待人自有分寸，岂能过分优待小人？”因而不肯拆信。而来俊臣尚未到境，就被召还京师重新起用了。来俊臣听说苏瓌不肯照顾他，心中怀恨，因此苏瓌连连被外调，不得进京。

武则天长安（701—704）年间，苏瓌迁任扬州大都督府长史。扬州是大都会，南北要冲，富商大贾云集。前长史张潜等都置金数万，而苏瓌离任时，两袖清风，空身而去，只随身带有一套行李。

离任后，苏瓌徙为同州刺史。适逢大旱，定期轮流到京城担任宿卫的府兵无法赴京。苏瓌上书道：“宿卫京城万不可少，应每月向府兵赐增一半之粮，令其家人吃饱，则京城宿卫可得保障。还应罢免地方进献，停止不急需之营造。”奏章进呈后，未被采纳。

当时，朝廷设十道使核实天下逃亡户数。开始时，没有立簿籍。百姓怕被搜刮，见十道使前来核实，都逃入近县旁州，串通隐瞒。苏瓌请朝廷撤掉十道使，专门责成州县事先建立簿籍，然后天下同一日登记户口，满一月而止，杜绝奸人隐匿现象。每年复核一次，检查并制定租税，以免劳而无功。

武则天为了当女皇，大肆铸造浮屠，建立庙塔，无休无止，苏瓌大胆上书奏道：“铸浮屠，建庙塔，糜费浩广，民产日殚。百姓不足，君孰与足？天下僧尼滥伪相半，请合并寺庙，令僧人保持正常员数，遇缺再补。”武则天阅览奏章，深以为是。

唐中宗复位后，郑普思以妖术迷惑唐中宗，作了高官，担任秘书员外监。其奸党遍布京城，图谋造反。苏瓌逮捕郑普思，严加审讯。郑普思之妻以左道迷惑韦皇后，出入宫中，求韦皇后代为说情。为此，唐中宗特地令苏瓌赦免郑普思之罪。苏瓌上奏道：“郑普思以妖术迷惑天子，罪在不赦。”唐中宗依违两可，犹豫不决。这时，司直范献忠上奏唐中宗道：“苏瓌身为大臣，不能先斩奸人而上报天子，其罪甚大。臣请先斩苏瓌以谢天下。”尚书左仆射魏元忠进奏道：“苏瓌乃长者，为人忠恳。郑普思依法当斩，愿陛下明察！”唐中宗不得已，将郑普思流放儋州，余党全部处死。

苏瓌迁任吏部尚书，封许国公。

唐中宗景龙三年（709），唐中宗将拜祭南郊。国子祭酒祝钦明秉承韦皇后旨意，建议请皇后担任亚献，安乐公主担任终献。苏瓌认为这样做不合礼制，直言强谏，在朝廷上面折祝钦明。唐中宗是个昏君，竟然听从了祝钦明的建议。

当时，公卿大臣接到任命时，照例要献食于天子，称为“烧尾”。苏瓌官拜仆射时，没有献食。一天，苏瓌侍宴于宫中，将作大匠宗晋卿问苏瓌道：

"仆射大人拜官，竟不烧尾，莫非心中不喜？"唐中宗闻言，默然不语。苏瓌奏道："臣闻宰相要燮和阴阳，代天理物。如今米珠薪桂，物价飞涨，百姓食不果腹，宿卫之士甚至有三日不得进食，昏倒殿上者。臣实在有罪，不称宰相之职，因此不敢烧尾。"百官见苏瓌竟敢在皇帝面前这样直言，无不吃惊。

景龙四年（710），唐中宗驾崩，遗诏让韦皇后临朝听政，唐中宗的弟弟相王辅政。韦皇后秘不发丧，召心腹韦安石、韦巨源、萧至忠、宗楚客、纪处讷、韦温、李峤、韦嗣立、唐休璟、赵彦昭及苏瓌到禁中开会。中书令宗楚客道："太后临朝，相王有叔嫂之嫌，不宜辅政。"

苏瓌一听，起身正色道："遗诏乃先帝之意，岂可擅改！"宗楚客等人大怒，竟不许相王辅政。为此，苏瓌称疾不朝。

原来，唐中宗被武则天幽禁于房州时，韦皇后一直伴随着，备尝艰危。两人彼此相怜，情爱甚笃。唐中宗曾私下向韦皇后发誓道："异日若能复见天日，一定唯卿所欲，绝不限制。"

唐中宗复位后，不食前言，听任韦皇后为所欲为。韦皇后想学武则天，便设帷幔坐于殿后，参与朝政。

韦皇后又追封亡父韦玄贞为王，封堂兄韦温为鲁国公礼部尚书，韦温之弟韦胥为曹国公左羽林将军，企图造成韦氏一家之天下。

景龙四年六月，韦皇后、安乐公主派人将毒药放入唐中宗最爱吃的馅饼中，将唐中宗毒死，然后拥立少帝，独揽朝中大权，不许相王辅政。对此，苏瓌坚决反对，因此称疾不朝。

同月，相王之子李隆基起兵入宫，杀了韦皇后。相王即位，史称唐睿宗，提拔苏瓌为左仆射。

◎故事感悟

苏瓌数朝为官，不改本色，始终坚持、坚定地站在正义的一边。他不畏权势，持正不阿，坚守一名贤臣应有的为官准则。苏瓌这种持节不变、正直无欺的品质是后人学习的典范。

◎史海撷英

韦氏之乱

韦氏（？—710），京兆万年（今陕西省长安）人，中宗（李显）为太子时立为妃。弘道二年（684）中宗即位，次年立韦氏为皇后。同年，中宗被武则天废黜，迁于房州（今湖北省房县），韦氏随行。在流放生活中，韦氏与中宗患难与共。神龙元年（705），中宗复位。每临朝，韦后即置幔坐殿上，与闻政事。中宗任用曾为武则天掌文书的昭容（宫中女官）上官婉儿主持撰述诏令，以武三思为相。传说武三思与韦后、婉儿私通。韦后的爱女安乐公主嫁武三思子武崇训，恃宠专横，权重一时。当时朝中形成一个以韦氏为首的武、韦专政集团。

武三思通过韦后和安乐公主，诬陷并迫害拥戴中宗复位的张柬之、敬晖等功臣。中宗对揭发武、韦丑行的人处以极刑，武三思因而权倾天下，作威作福。一批趋炎附势的官僚集在他门下，其中有五人特别卖命，被称为“五狗”。

中宗的太子李重俊非韦氏所生，遭到韦后厌恶。安乐公主与其夫武崇训经常侮辱重俊，武三思也猜忌重俊。武崇训唆使安乐公主请中宗废太子，立她为皇太女。重俊甚为不平，于神龙三年七月发动部分羽林军杀死武三思与武崇训，谋诛韦后、安乐公主，因相从的羽林军倒戈，政变失败，重俊被杀。武、韦集团权势依旧不减。

安乐公主恃宠，骄恣专横，势倾朝野。她曾将自己草拟的诏敕掩住正文，请中宗在文后签署，中宗竟不看诏文，笑而署敕。她和长宁公主（亦韦后所生）、昭容上官婉儿等都仗势弄权，卖官鬻爵，受钱三十万，将自己写好的封官墨敕（不盖官印），不经宰相审议签署，斜封交中书省执行，称为“斜封官”。当时，以员外同正、试、摄、检校等名义授官的，就有几千人。她们又大肆营建第舍，穷奢极欲。安乐公主强夺民田作定昆池，方圆数里。中宗、韦后和公主们又多建佛寺，劳民伤财。其时后突厥攻掠陇右，西突厥别部突骑施部攻陷安西都护府，断安西四镇路；内地则水旱为灾，户口逃散，民不聊生。中宗却与韦后恣为淫乐，不理朝政，还处死上书告发韦氏乱政的人。据说，景龙四年（710）韦氏恐其丑行暴露，安乐公主欲韦氏临朝，自为皇太女，遂合谋毒死中宗。韦后临朝摄政，立李重茂为帝，史称少帝。韦后又任用韦氏子弟统领南北衙军队，并欲效法武则天，自居帝位。临淄王李隆基（后来的唐玄宗）与太平公主（武则天女）发动禁军攻入宫城，杀韦后、安乐公主、上官婉儿及诸韦子弟，迫少帝让位，立相王李旦（李隆基父）为帝，是为睿宗。韦后之乱，终告结束。

◎文苑拾萃

五君咏

张说

许公信国桢，克美具瞻情。
百事资朝问，三章广世程。
处高心不有，临节自为名。
朱户传新戟，青松拱旧茔。
凄凉丞相府，余庆在玄成。

公正无私的祁奚

◎欲知自下升高处，真伪先须辨古今。——陆九渊

祁奚（前620—前545），姬姓，祁氏，名奚，字黄羊。春秋时晋国人（今山西祁县人）。祁奚父为高梁伯，因食邑于祁，遂以祁为姓。“下宫之难”后，晋景公曾以赵氏之田“与祁奚”。悼公继位，“始命百官”，立祁奚为中军尉。祁奚为四朝元老。他忠公体国，急公好义，誉满朝野，深受人们爱戴。盂县、祁县有祁大夫庙。

祁奚所处的时代，是周天子一代不如一代，无力统驭天下，大权旁落的时代；是“春秋无义战”，大国争霸，强者为伯，挟天子令诸侯的时代；也是晋文公称霸中原后，其子孙后代政治上无所建树，朝政日趋腐败，晋国危机日重的时代。恰在这时，荒淫奢侈的晋厉公死于非命，晋悼公临位。悼公立志要复兴文公霸业，重振晋国国威。他重整吏治，调整百官，任贤用能。久以贤良称著、无私饮誉的祁奚，遂被推任为中军尉。三年之后，年逾半百的祁奚觉得自己年老力衰，精力不济，恐有负国家希冀，阻塞贤才仕途，便以年迈告老，请求悼公另选良臣。

悼公见他辞恳言切，便准他告老并请他推荐继任者。于是，祁奚举荐了解狐。当时的人们都知道解狐与祁奚有私仇，悼公遂问：“解狐不是与你有仇吗？”祁奚答道：“公是问我谁可以胜任此职，又没有问可与我有仇否！”然而，解狐尚未到职，便一命呜呼。悼公请祁奚再行举荐，祁奚这次说：“祁午可以继任此职。”悼公问：“祁午不是你的儿子么？”祁奚坦然回答：“公让我推荐的是适合此职之人，又没有问他是否为我的儿子！”没过多长时间，任

中军尉辅佐之职的羊舌职死了。悼公又请祁奚举荐合适人选。祁奚举荐了羊舌职的儿子羊舌赤。悼公对祁奚所荐之人统统给以录用，于是，两个儿子分别接替了两个老子的职位，祁午为中军尉，羊舌赤为中军尉佐。

事后有人对悼公说：“择臣莫若君，择子莫若父。祁午自幼好学而不戏，守业而不淫；成年后，和安而好敬。每临大事，镇定自若，非义不举。他父亲举荐他是对的。”鲁国的孔子得知此事后，赞扬说：“祁奚是个善于举荐贤良的能臣啊。他推举仇人，不是为取媚于天下；举荐儿子，不是因为偏爱己私；举荐辅佐，也不是结伙营党，完全是为国荐贤，唯才是举。”公元前557年，悼公去世，平公登基后，即擢祁奚为公族大夫。

平公六年（前552），范士丐为正卿主持国政，驱逐公族栾盈，杀羊舌虎，囚禁羊舌肸（叔向）。乐王鲋去监狱探望，见到羊舌肸，告诉他说：“我要对平公说情，请他释放你。”羊舌肸拒绝说：“这事必须请祁奚大夫！”羊舌氏的家臣问羊舌肸说：“乐王鲋是晋侯的随臣，他愿为你向晋侯求情，肯定能够成功，为什么还一定要请祁奚？”羊舌肸说：“乐王鲋从不敢违抗主公的意愿，他的意见晋侯不会采纳的。祁大夫外举不弃仇，内举不失亲，他不会独独遗弃我而不顾。”果然，已经告老休息的祁奚听说羊舌肸因兄罪被囚，立刻乘坐“传车”由祁直奔晋都拜见范士丐，说：“《诗经》说：‘赐给我们的恩惠没有边际，子子孙孙永远保持它。’《尚书》说：‘智慧的人有谋略训诲，应当相信和保护。’羊舌肸长于谋划而少有过错，教诲别人而不知疲倦，他是国家的柱石。即便是他的十代子孙有过错，也还要赦免，以此来勉励有能力的人为国家效命。现在一旦因兄罪而得祸，便要被处死，难道不会使人困惑吗？鲧被流放而死，他的儿子禹却兴起；伊尹放逐太甲，后来又做了他的宰相，太甲始终没有怨恨他；管叔、蔡叔因叛乱而被杀，其兄周公却能辅佐成王，匡复天下。现今羊舌肸却要因其兄羊舌虎有罪而被囚被杀？你做善事，谁敢不努力？多杀人干什么？”范士丐听罢祁奚之言，面露喜色，送祁奚乘车而去，然后释放了被株连的羊舌肸。

出于公心的祁奚虽然拯救了羊舌肸，却并不与之相见，直奔家乡。羊舌肸获释后也没有告诉祁奚，以示感谢，而是直接去朝见晋侯。

这就是先有不隐亲仇，为国荐贤，后而不图恩报，为国保贤的晋国鲠臣祁奚名载史册的二三事。

◎故事感悟

我们为古人树碑立传，绝不仅仅是一种文化行为，而是以史为镜，以正为本，不图虚名，不事浮华，有功不居，有过必改，从而让自己成为一个踏实务实、德行兼具的脱离低级趣味的人。

祁奚是一个值得我们学习、效仿的鲠宦良臣。他的品行至今仍具有一定的现实意义，是中国优秀历史文化的一个结晶。

◎史海撷英

晋文公制霸

在北方的晋国，与周室同宗。晋献公宠信爱姬，使国政大乱。公元前636年，晋献公子重耳在秦穆公派出的军队护送下回国继承晋国君位，是为晋文公。他改革政治，发展经济，整军经武，取信于民，安定王室，友好秦国，在诸侯中威信很高。周襄王二十年(前633)，楚军包围宋国都城商丘。次年初，晋文公率兵救宋，在城濮之战中大败楚军，成为霸主。

◎文苑拾萃

尊王攘夷

齐桓公执政以来，在管仲的辅佐下，经过了内政及经济军事等多方面的改革，有了雄厚的物质基础和军事实力，适时打出了“尊王攘夷”的旗帜，以诸侯长的身份，挟天子以伐不服。

“尊王”，即尊崇周王的权力，维护周王朝的宗法制度。公元前655年，周惠王有另立太子的意向。齐桓公会集诸侯国君于首止，与周天子盟，以确定太子的正统地位。次年，齐桓公因郑文公首止逃会，率联军讨伐郑国。数年后，齐桓公率多国国君与周襄王派来的大夫会盟，并确立了周襄王的王位。公元前651年，齐桓公召集鲁、宋、曹等国国君及周王宰孔会于葵丘，周公宰代表周王正式封齐桓公为诸侯长。同年秋，齐桓公以霸主身份主持了葵丘之盟。此后遇到侵犯周王室权威的事，齐桓公都会过问和制止。

“攘夷”，即对游牧于长城外的戎、狄和南方楚国对中原诸侯的侵扰进行抵御。公元前664年，山戎伐燕，齐军救燕。公元前661年狄人攻邢，齐桓公采纳管仲“请救邢”的建议，打退了毁邢都城的狄兵，并在夷仪为邢国建立了新都。次年，狄人大举攻卫，卫懿公被杀，齐桓公率诸侯国替卫国在楚丘另建新都。经过多年努力，齐桓公对楚国一再北侵进行了有力的回击，到公元前655年，联军伐楚，迫使楚国同意进贡周王室，加入齐桓公为首的联盟，听从齐国指挥，这就是召陵之盟。伐楚之役，抑制了楚国北侵，保护了中原诸国。

齐桓公实行的“尊王攘夷”政策，使其霸业更加合法合理，同时也保护了中原经济和文化的发展，为中华文明的存续做出了巨大贡献。

在钱与权面前

◎吾日三省吾身：为人谋而不忠乎？——《论语·学而》

李充是陈留人，小时候家中贫困，兄弟六人一起生活，大哥穿过的裤子给老二，老二穿上了大哥的裤子，再把脱下来的裤子给老三穿，以此类推。

李充出身贫寒，却每日读书不辍。他为人是非分明，心里容不得一点儿错事。

李充的妻子见李充的弟弟都长大了，便对李充说："家里这么穷，日子怎么过啊？我从娘家带来不少钱，我们分家单过吧！"

李充强压着心中的怒火说："分家不是小事，要请族人喝酒，一同商量才行。"

过了几天，李充的妻子出钱买来酒肉，摆上一桌席，请族中长者赴宴。

等人都到齐后，李充指着妻子对母亲说："这个女人心术不正，离间我们母子和兄弟。"说完，赶妻子出门。妻子满脸羞惭，含泪而去。

母亲去世后，李充在家乡建了学堂，收徒讲学。朝廷黑暗，外戚干政，尽管朝廷多次征聘李充，李充都不肯做官。

汉殇帝延平元年，邓太后临朝听政。为了治理好国家，命令公卿和2000石的官员每人必须推荐一名品德高尚的大儒进京做官。李充被征为博士，这时他已经80岁了。

邓太后的弟弟邓骘出任大将军，非常敬重李充。

有一天，邓骘宴请李充，宾客满堂。席间，邓骘跪求道："不才有幸身为外戚，位列大将军。幕府初建，正缺人才。请诸位帮忙，多多举荐海内奇士，前来辅佐。”

李充听了这番话，立即说出几个德高望重的隐士，邓骘却只是摇头。他不想让李充说下去，便夹了一块肉让李充吃。李充见邓骘不听他的，便用筷子将邓骘递过来的肉扔到了地上，起身说：“我觉得讲述有道德的隐士比吃肉要香。”说完，拂袖而去。

邓骘认为李充不给他面子，但又不好发作，众人不欢而散。

汝南张孟举听说这事后，对李充说：“你为什么要得罪大将军，怎么也不为子孙想想？”

李充说：“人生在世，做人行事要不违本心，不违道义，怎能只为子孙考虑呢？”

汉安帝亲政后，常常召见李充，还赐给他几杖。几杖是皇帝赐给八九十岁老臣的礼物，几是小案，坐时用来靠身子用的；杖就是手杖，走路时拄着它，免得跌倒。赐几杖对大臣来说是一种殊荣。由此可见，李充为人处世，令安帝十分敬重。

◎故事感悟

人生在世，做事就要坦坦荡荡不违本心，不违道义。李充以亲情为重，不受妻子的离间蛊惑；为官又能不畏权势，直言敢谏，持正不阿，确实是一位难得的贤才。李充崇高的品德值得我们后辈敬佩。

◎史海撷英

汉殇帝短暂的皇帝生涯

汉和帝在世的时候，生了许多皇子，皇子大都夭折。和帝以为宦官、外戚在谋害他的儿子，便将剩余的皇子留在民间抚养。汉殇帝刘隆生于东汉和帝元兴年

(105)，为和帝与邓皇后少子。出生100多天，元兴二年(106)一月汉和帝死后，按照传统，继承皇位应是和帝的长子刘胜。但刘胜有病，多年不愈，于是将刘隆迎回皇宫做皇帝，刘胜被封为平原王。邓皇后也升为邓太后，临朝听政。

邓太后临朝听政之后，首先针对东汉的一些弊端采取了有力的措施。邓太后认为治理国家应以教化为本，刑罚只能作为辅助手段。元兴二年(106)五月，即下诏大赦天下，犯法禁锢者一律释放为平民，以“柔道”制天下。东汉自开国至殇帝80多年的时间内，宫女入宫不绝如缕，以至于宫女如云，造成了“内有怨女，外有旷夫”的局面，并且加重了汉廷的财政开支。邓太后自幼入宫，对此甚为了解，元年六月，她一次诏免后庭宫人及羸弱老病即达五六百人。

邓太后除对一些弊端进行调整、革除外，还十分注意节俭与劝农。延平元年六月，诏令减损膳馐、帷帐、珍玩等耗物费工之物。此后，还下令郡国贡奉仅为原额的一半，御府、尚方、织室所负责的锦绣、冰纨、绮罗、金银、珠宝、玳瑁、雕镂等玩弄之物，一律不再继续造作，从而减省了巨大的财政开支。

但邓太后毕竟是外戚势力的总代表，在积极治国的同时，仍念念不忘巩固加强自己的统治。延平元年四月，她将哥哥邓骘由虎贲中郎将提升为车骑将军，控制了拥有决策权的内朝机构。

八月，在邓太后发号施令之际，仅做了8个月皇帝的刘隆悄然离世。因夭折而亡，故谥“孝殇皇帝”，葬于康陵。

◎文苑拾萃

无为而治

无为而治是道家的基本思想，也是其修行的基本方法。无为而治的思想首先是由老子提出来的。老子认为，天地万物都是由道化生的，而且天地万物的运动变化也遵循道的规律。那么道的规律又是什么呢？老子说：“人法地，地法天，天法道，道法自然。”可见，道的最根本规律就是自然，即自然而然、本然。既然道以自然为本，那么对待事物就应该顺其自然，无为而治，让事物按照自身的必然性自由发展，使其处于符合道的自然状态，不对它横加干涉，不以有为去影响事物的自然进程。

当然，无为而治的“无为”绝不是一无所为，不是什么都不做。无为而治的“无为”是不妄为，不随意而为，不违道而为。相反，对于那种符合道的事情，则必须以有为为之。但所为之为，都应是出自事物之自然，无为之为发自自然，顺乎自然；是自然而为，而不是人为而为。所以，这种为不仅不会破坏事物的自然进程和自然秩序，而且有利于事物的自然发展和成长。

怒埋车轮的张纲

◎进不求名，退不避罪——《孙子兵法·地形篇》

张纲（108—143），字文纪。东汉犍为郡武阳（今四川省眉山市彭山县）人。张纲是汉留侯张良的后代。

张纲从小就懂儒家经典，虽身为贵家公子，却像平民一样崇尚朴实。后来，司徒高第聘请他到朝廷当了御史。

汉顺帝时，张纲见宦官当权，欺上瞒下，为非作歹，不禁慨叹道："恶人满朝，我要扫清朝廷，否则还活着干什么？"

于是，张纲上书道："当年，我大汉初建之时和光武中兴之日，太监不过数人，朝廷充满和气，四海相率宾服。恳请陛下减少太监，追慕先帝之风。"

汉顺帝是在宦官拥戴下当上皇帝的，对宦官感恩不尽，因此没有听张纲的话。

汉顺帝汉安元年（142），朝廷派遣八个大使巡行全国，检查吏治。这八个大使都是名臣，人称"八俊"。其中张纲最年轻，其余七位都是宿儒。

接到命令后，这七位宿儒都出发了，只有张纲不肯动身。他怒不可遏地卸下朝廷派来的车子的车轮，埋了起来，愤愤不平地说："朝廷上豺狼当道，为什么要到地方上去查狐狸啊？"张纲所说的豺狼是指梁皇后的哥哥梁冀。梁冀和宦官勾结在一起，把持朝政，无恶不作，卖官鬻爵，门生故吏遍天下。

张纲认为，朝廷如果要整顿吏治，应该先从梁冀开始，否则不能从根本上解决问题。他没有出京，回家写了一篇奏章，弹劾梁冀。

张纲列举了梁冀的15条罪状，说梁冀无才无德，却身居要职；不能辅佐皇帝，还残害忠良。最后说："像这样的不忠不义之徒，应该斩首以谢天下！"

这篇奏章呈上去后，朝廷为之震动。但梁皇后正在得宠，汉顺帝也不忍惹梁皇后不痛快，因而未采纳他的建议。

听说张纲埋轮上书一事，梁冀气得暴跳如雷，想置之死地而后快。但他又怕舆论难容，只得慢慢寻找机会。

不久，机会来了。广陵一带因地方官盘剥百姓，刮地三尺，百姓活不下去了，只好聚众造反，推张婴为头领，杀了郡守和县令，上山落草为寇。

张婴常常带百姓下山劫富济贫，活动范围遍及扬、徐二州之间。朝廷多次派兵征讨，十多年不能平定，最近派去的大将又兵败回朝了。

梁冀听说后，便劝尚书任命张纲为广陵太守，让他去送死。如果不死，也可以找借口杀了他。

按惯例大将出征，都要向朝廷要好多军队，而这次张纲上任，只是单车前往，不向朝廷要一兵一卒。大臣们见了，都为他捏了一把汗。

张纲到了广陵，也顾不上休息，就带了十多个郡吏和衙役上山，来到张婴大营前。

张婴听说新任太守来了，大吃一惊，连忙让人把好营门，全军警戒。

张纲在营门外大喊道："我是新任太守张纲，是来慰问你们的，愿与你们长老相见！"原来，这伙义军称他们的首领为"长老"。

张婴见张纲只带十多个人前来，知道他确有诚意，便打开营门向他下拜。

张婴将张纲请到大堂，宾主入座。张纲劝他说："过去历任太守太贪暴了，你们没有活路，不得已才造反。太守固然有罪，但你们这样做也属不义。现在，皇上以仁义治天下，特派我来给你们送爵禄，而不是送刑罚。如果你们执迷不悟，天子赫然震怒，荆、扬、兖、豫四州大军一旦前来合围，你们岂不危险？"

张婴对张纲说："我们也知道在这啸聚山林，如鱼游釜中，不是长远之计。今日大人前来招安，如果再不归顺，必将越陷越深。只是担心投诚之后，必遭朝廷屠戮，妻儿老小性命难保！”

张纲指天发誓道：“我愿以身家性命保你们全数平安，不死一人！”张婴听了，十分感动，就这样张纲靠自己的坦诚平定了叛乱。梁冀本想借刀杀人，反倒给张纲提供了一个立功的机会。

汉顺帝听说后，大喜道：“十年征讨，不知死了多少人，花了多少军饷，今日张纲只身前往，马到功成，古时的名将也不过如此啊！”说完，就要降诏召张纲回朝，委以重任。

梁冀见了，怕张纲对自己不利，便急忙劝阻，汉顺帝只得作罢。

◎故事感悟

张纲一生为官坦荡正直，不畏权势，直言敢谏，又有勇有谋，怒埋车轮、孤身劝降招安都充分地证明了张纲的满腔正气，他正是为人持正不阿的真实写照！

◎史海撷英

汉顺帝刘保任用宦官

汉顺帝是东汉第七位皇帝。汉安帝死后，皇后阎姬无子，便先废了安帝的独子济阴王刘保，然后找个幼儿刘懿为皇帝。阎皇后想自己垂帘听政，掌握朝政大权。可刘懿做了七个月的皇帝就死了，宦官曹腾、孙程等19人便发动宫廷政变，赶走阎太后，将时年11岁的刘保拥立为帝，改元“永建”，那19位拥立刘保的宦官也全部封侯。

由于汉顺帝的皇位是靠宦官得来的，所以他将大权交给宦官，顺帝本人则温和软弱。后来宦官又与外戚梁氏联合，开始了长达20多年的梁氏专权。宦官、外戚互相勾结，弄权专横，汉朝政治更加腐败，阶级矛盾日益尖锐，百姓怨声载道，民不聊生。建康元年，汉顺帝死，享年30岁，在位19年。顺帝死后谥号孝顺皇帝，庙号敬宗。

◎文苑拾萃

《后汉纪》

《后汉纪》是编年体的东汉史。记事溯自新莽天凤四年（17）绿林起义，止于汉献帝延康元年（220）曹魏代汉。全书30卷，21万余字。《后汉纪》的作者袁宏（328—376），字彦伯，东晋阳夏（今河南太康）人。他幼年丧父，家中生活比较清苦。在艰苦的环境下，他刻苦学习，终有所成，少年时代就以文思敏捷、文章华美而闻名于世。他曾作过桓温等人的幕僚，后来任东阳郡太守，49岁时死于任所。袁宏也是个著名的文学家，他一生著述宏富，所著《后汉纪》、《三国名臣赞》现仍存世，所著《东征赋》、《咏史诗》、《竹林名士传》等都已失传。

《后汉纪》的撰写，经历了近十年的时间。袁宏所以采取编年体裁记录东汉史事，是受了荀悦《汉纪》编写成功的影响。《后汉纪》继《汉纪》而作，但袁宏面临的写作条件却比荀悦困难一些。当年荀悦撰写《汉纪》的时候，只有《汉书》这一部已确立了权威地位的纪传体西汉史，他运用较高的史学识见和编撰技术，对《汉书》加以剪裁，就写成了卓有成就的新著作。袁宏著《后汉纪》的前后，关于东汉史的著作有好多种，它们各有短长，袁宏所依据的资料要比荀悦繁富，遇到的困难和付出的努力比荀悦更多一些。另外，在同类著作上，袁宏有不少竞争对手，他必须在水平上超过他们，才能让自己的著作站住脚。经过历史的选择，现在关于东汉史的著作，只有范晔所著《后汉书》和袁宏所著编年体《后汉纪》保存下来，说明这两部书确有过人之处。

社稷之臣古弼

◎同声相应，同气相感，同类相依，同义相亲，同难相济，同道相成，同艺相规，同巧相胜。——黄石公《素书·安礼》

古弼（生卒年不详），代人也。少忠谨，好读书，又善骑射。初为猎郎，使长安，称旨，转门下奏事，以敏正著称。太宗（北魏明元帝拓跋嗣）嘉之，赐名曰笔，取其直而有用；后改名弼，言其辅佐材也。

北魏明元帝拓拔嗣赞赏古弼为人正直，赐名为“笔”，后来改为“弼”，是说他有辅弼才能。

太武帝即位后，古弼因功劳拜为立节将军，赐爵云寿侯，历任侍中、吏部尚书。

有一天，上谷人上书说：“皇帝的苑囿占地太多，百姓都没有耕地了，应该将苑囿之大半赐给贫民。”

古弼见了这篇奏章，立即入宫进呈，见太武帝和刘树正在下棋，太武帝的心思不在听政上。

古弼侍坐很久，也没有机会进呈，便发作起来。只见他站起身，当着太武帝的面揪住刘树的头发，把他拽下床，用手揪着他的耳朵，用拳头猛击他的后背，怒斥道：“朝廷不得治理，全是你的罪过！”

太武帝脸色大变，放下棋子说：“没有听你奏事，过错在朕。刘树有什么罪，放了他吧。”

古弼放过刘树，详细陈奏。太武帝激赏古弼的忠直，全部批准了他的奏事，把苑囿占地分给了百姓。

有人认为身为臣子，古弼这样做是有罪的。太武帝说："这有什么罪？从今以后，只要有利于社稷，只要是益国便民的事，不要有所顾忌。"

有一天，太武帝举行大规模阅兵，到河西校猎，派古弼留守京城。

太武帝下诏，将京城中肥壮的战马供给骑士，古弼却只供给驽弱的马。太武帝大怒道："尖头奴竟敢裁减起朕的马来了。等朕回京，一定先斩这个奴才！"

古弼的脑袋有些尖，太武帝常称他为"笔头"，当时的人都叫他"笔公"。

古弼的属官害怕牵连受诛，古弼告诉他们说："我认为让君主打猎不愉快，这罪是小的；如果不能加强防御，使敌寇入侵得逞，这罪就大了。如今北狄嚣张，南寇未灭，正窥伺边境，这是我所担忧的，所以我选择肥壮的马以备军用，是为国家的长远考虑。只要对国家有利，我难道害怕一死吗？这罪过由我自己承担。"

太武帝听说后，叹息道："这样的臣子是国家之宝呀！"于是赐古弼衣服一套，马两匹，鹿十头。

后来，太武帝猎于山北，获鹿数千头，下令让尚书派牛车五十辆来运鹿。使者走后，太武帝对手下说："笔公一定不会给我，你们还不如用马驮着，更快一些。"说完，大家便启程回京。

太武帝刚走了100多里，古弼的奏章就到了，上面说："现今秋谷开始变黄，豆麻遍野，猪鹿偷食，鸟雀侵啄，风雨伤耗，朝夕之间，收获就会相差数倍。乞请暂缓调用牛车，使百姓得以运送粮食。"

太武帝对左右说："笔公果然如朕所料，真可谓社稷之臣呀！"

◎故事感悟

古代的臣子，对皇帝不阿谀奉迎，曲意讨好，就已难得，而像古弼这样，认理不认人，事事为国为民着想，连皇帝都敢得罪，这需要多么大的勇气啊！但是古弼却一而再再而三地这样做了，正是因为他有一颗一心为国、持正不阿的忠心。古弼这种崇高的品质令人敬佩！

◎史海撷英

北魏太武帝马踏漠北，一统北方

拓跋珪死后，其子拓跋嗣（北魏明元帝）、北魏太武帝拓跋焘承其前业，擢用汉族大地主范阳卢玄、博陵崔绰、赵郡李灵、河间邢颖、渤海高允、广平游雅、太原张伟等数百人担任官职，形成了拓跋贵族与汉人世家豪族的联合封建政权，国势大盛，拓跋嗣死后，16岁的拓跋焘即位，即位之初就以少胜多，顶住了当时北方大漠政权——柔然的疯狂入侵。427年，拓跋焘用3万骑兵攻破了坚不可摧的统万城，从此北魏统一北方的形势已经不可逆转。拓跋焘先后13次出兵柔然，以429年战果最为辉煌，征服了漠北一带，柔然臣服，为日后统一北方又迈出重要一步。另外，在对柔然的作战中，俘获的牛羊骆驼等牲畜也为北魏缓解了后来的饥荒。

431年灭夏，拓跋焘平山胡，西逐吐谷浑，又于436年灭北燕，439年灭北凉，使北方长期的分裂割据局面复归于统一，南北朝对峙局面正式形成。

拓跋焘马踏漠北，击败柔然，避免了又一次的中原混战。

拓跋焘统一北方，结束了长达150年的中原混战，同时为以后社会经济的发展以及孝文帝的汉化改革创造了较为安定的环境。

◎文苑拾萃

《木兰诗》

《木兰诗》是我国南北朝时期的一首北朝民歌，选自宋代郭茂倩编的《乐府诗集》，在中国文学史上与南朝的《孔雀东南飞》合称为“乐府双璧”。《木兰诗》讲述了一个叫木兰的女孩，女扮男装，替父从军，在战场上建立功勋，回朝后不愿做官，但求回家团聚的故事，热情赞扬了这位奇女子勤劳善良的品质、保家卫国的热情和英勇战斗的精神。

原文如下：

唧唧复唧唧，木兰当户织。不闻机杼声，惟闻女叹息。

问女何所思，问女何所忆。女亦无所思，女亦无所忆。昨夜见军帖，可汗大点兵。

军书十二卷，卷卷有爷名。阿爷无大儿，木兰无长兄。愿为市鞍马，从此替爷征。

东市买骏马，西市买鞍鞯，南市买辔头，北市买长鞭。旦辞爷娘去，暮宿黄河边。不闻爷娘唤女声，但闻黄河流水鸣溅溅。旦辞黄河去，暮至黑山头。不闻爷娘唤女声，但闻燕山胡骑鸣啾啾。

万里赴戎机，关山度若飞。朔气传金柝，寒光照铁衣。将军百战死，壮士十年归。归来见天子，天子坐明堂。策勋十二转，赏赐百千强。可汗问所欲，木兰不用尚书郎，愿驰千里足，送儿还故乡。

爷娘闻女来，出郭相扶将；阿姊闻妹来，当户理红妆；小弟闻姊来，磨刀霍霍向猪羊。开我东阁门，坐我西阁床；脱我战时袍，着我旧时裳，当窗理云鬓，对镜贴花黄。出门看伙伴，伙伴皆惊忙：同行十二年，不知木兰是女郎。

“雄兔脚扑朔，雌兔眼迷离；双兔傍地走，安能辨我是雄雌？”

刚正不阿辛公义

◎报国之道有四：一曰贡贤，二曰献猷，三曰立功，四曰兴利。贤者，国之干；猷者，国之规；功者，国之将；利者，国之用。——《忠经·报国章第十七》

辛公义（生卒年不详），陇西狄道人。公义早孤，由母亲抚养并亲授书传。武帝时，召入露门学，令受道义。每月集御前令与大儒讲论，数被嗟异，时辈慕之。

辛公义是陇西狄道人，早年就死了父亲，由母亲一人抚养。母亲亲自教他读书，他读书十分勤奋。因品学兼优，被挑选去做了太学生，当时的人都很仰慕他。

学成后，辛公义参加了隋朝统一全国的战争，因功出任岷州刺史。

隋文帝仁寿元年（601），辛公义被任命为扬州道黜陟大使，巡视扬州。扬州总管豫章王杨暕害怕自己的属官有犯法的，没等辛公义入境，就预先叫人去迎接辛公义，并向他打招呼，请他多多关照。

原来，杨暕是隋炀帝次子，他自己也多行不义，为人极其荒唐，骄恣不法，见到漂亮的女子就抢，当着父亲的面竟敢和后母勾搭。

辛公义为人刚正不阿，见杨暕派人来打招呼，立即义正词严地回答说："我奉皇上的命令而来，是不敢徇私情的。"

辛公义到扬州后，对犯法的官吏毫不宽容，依法定罪。为此，杨暕十分恨他。

隋炀帝即位后，杨暕的心腹扬州长史王弘到皇宫当了黄门侍郎，借机公报私仇，常在隋炀帝面前说辛公义的坏话。隋炀帝听信谗言，竟罢免了辛公义。

听说辛公义被罢官了，好些官员络绎不绝地到皇宫门外为他喊冤。几年后，隋炀帝终于醒悟，下令让辛公义官复原职。

后来，辛公义受到提升，并随隋炀帝出征，到柳城郡时不幸去世，死时62岁。从此，隋炀帝的身边只剩下一些奸臣，隋朝一步步走向了灭亡。

◎故事感悟

一代直臣、循吏辛公义不畏权势、不徇私情，直言敢谏，持正不阿。辛公义正直无私的为人准则应是我们后辈学习的典范！

◎史海撷英

“慈母”辛公义

辛公义跟随军队攻打陈，凭功劳被授予岷州刺史。当地风俗害怕病人，假如一个人患病，全家人都躲避他，父子之间、夫妻之间互相不看护照料，忠孝仁义之道都失去了，因此患病的人大多数死亡。辛公义对这种情况感到担忧，想改变当地这个习俗，于是分别派遣官员巡行观察管辖地，凡是患病的人，都用床运来，把他们安置在处理政务的大厅里。夏天流行瘟病时，病人有时达几百人，厅堂内外都放满了病人。辛公义亲自摆放一榻，独自坐在里面，从白天到黑夜，面对病人处理政务。所得俸禄，全部用来买药，用来请医为他们治病，亲自劝他们进食，使病人全部病愈。辛公义方叫他们的亲人来，并告诉他们说：“死是由天决定的，不会相互传染。过去你们抛弃他，这是死的原因。现在我将患病的人聚集起来，并在他们中间办事睡觉，假如说能传染，我哪能够不死？病人现在又恢复健康了，你们不要再相信传染这件事。”

那些病人家里的儿子、孙子们都十分惭愧地拜谢离开。后来有人患病，就争相到他那里去，病人家里没有亲人，辛公义就留在家里供养。自此，岷州人开始关爱有病的人，风俗也改变了，境内的人都称呼辛公义为“慈母”。

辛公义后来调任牟州刺史，初到任，就先到监狱里去，亲自审问案情。十多天内，把案件全部判完才回去。新案子不用文字记下来，而是直接派一个掌管办事的辅助官员坐在一旁一同审问。若案子没审完，当事人必须要监禁起来的时候，辛公义就在处理政务的厅里住宿，不结案，不回到内室睡觉。有的人劝他说，“办案需要有一定的时间，你何必折磨自己呢！”辛公义回答说：“我作刺史没有德行可以教导百姓，还让百姓拘禁在狱中，哪里有被监禁的人在狱中而自己心里踏实的呢？”罪人听到后，都诚心服罪。后来有想打官司的，乡里的父老就会开导他说：“这是小事，怎么能忍心让刺史大人辛苦劳累呢。”打官司的人大多双方相让而不再打官司。

◎文苑拾萃

《隋书》

《隋书》共85卷，其中帝纪5卷，列传50卷，志30卷。《隋书》由多人共同编撰，分为两阶段成书，从草创到全部修完历时35年。

唐武德四年（621），令狐德棻提出修梁、陈、北齐、北周、隋等五朝史的建议。次年，唐朝廷命史臣编修，但数年过后，仍未成书。贞观三年（629），重修五朝史，由魏征“总知其务”，并主编《隋书》。

《隋书》的作者都是饱学之士，具有很高的修史水平。

《隋书》是现存最早的隋史专著，也是《二十五史》中修史水平较高的史籍之一。

首先，它有明确的指导思想。下令修隋史的唐太宗亲历了灭隋的战争，在执政之后，他经常谈论隋朝灭亡的教训，明确提出“以古为镜，可以见兴替”。汲取历史教训，以史为鉴就成了修隋史的指导思想。其次，《隋书》弘扬秉笔直书的优良史学传统，品评人物较少阿附隐讳。主编魏征刚正不阿，他主持编写的纪传较少曲笔，不为尊者讳。如隋文帝之“刻薄”专断，“不悦诗书”，“暗于大道”；隋炀帝矫情饰貌，“锄诛骨肉，屠剿忠良”等情况，都照实写来，了无隐讳。再次，《隋书》保存了大量政治、经济以及科技文化资料，其中10志记载梁、陈、北齐、北周和隋五朝的典章制度，有些部分甚至追溯到汉魏。

关于《隋书》的作者，说法不一。《旧唐书》记载“魏征等撰”。而刘知几《史通》则说颜师古、孔颖达和于志宁、李淳风诸人共同撰成。还有题为长孙无忌撰述的。这是因为参加《隋书》撰述的人很多，几乎集中了当时大部分有名之士；开始以魏征为主编，后来魏征死了，又由长孙无忌续为主编，完成其余部分。

公私分明的赵绰

◎勇于断者，不随其似；明于分者，不混其施。——《古今图书集成·学行典》

赵绰（生卒年不详），隋河东郡（今山西省永济县）人。《隋书·赵绰传》只言其仁寿中卒官，时年六十三岁。仁寿为隋文帝年号，包括601年至604年四年。由此推测，赵绰当生于539年到542年之间。赵绰在隋代以执法不阿而名世。

隋文帝统一全国以后，采取了各种巩固统治的措施，像改革官制兵制，建立科举制度，选用办事能干的官员，严办贪官污吏。经过他的一番整顿改革，政局稳定，社会经济出现了繁荣的景象。

隋文帝还派人修订刑律，废除了一些残酷的刑罚。这本来是件好事，但是隋文帝本人却不完全按照这个刑律办事，往往一时气愤，不顾刑律规定，随便下令杀人。

这种情形，叫大理（管理司法的官署）的官员很为难。大理少卿赵绰觉得维护刑律是他的责任，常常跟隋文帝顶撞。

隋文帝曾经下令禁止使用不合标准的钱币。有一次，大兴（隋朝的都城，今陕西西安市）大街上有人拿次币换好币，被人发现了，捉到衙门里。隋文帝听说有人竟敢违反他的禁令，一气之下，就下令把换钱的两个人统统砍头。

赵绰接到命令，赶忙进宫求见隋文帝。他对隋文帝说："这两个人犯了禁令，按刑律只能打板子，不该处死。"

隋文帝不耐烦地说："这是我下的命令，不干你的事。"

赵绰说："陛下不嫌我愚笨，叫我充当大理官员。现在遇到不依刑律杀人的情况，怎么能说跟我没关系呢？"

隋文帝气冲冲地说："你想撼动大树吗？撼不动你就走开吧！"

赵绰说："我只是想劝说陛下改变主意，谈不上想撼动大树。"

隋文帝又说："你想触犯天子的威严吗？"

赵绰不管隋文帝怎样威吓，还是坚持自己的意见。隋文帝怎样骂他赶他，他也不走。隋文帝没法，很不高兴地进内宫去了。

后来，由于别的官员也上奏章谏阻，隋文帝终于取消了杀人的命令。

又有一次，官员辛檦被人告发搞不法的迷信活动，隋文帝又下令将辛檦处死。

赵绰上朝对隋文帝说："辛檦没有死罪，我不能接受这个命令。"

隋文帝气得浑身发抖，说："你想救辛檦，就用你自己的命换！"说着，喝令左右侍从把赵绰拉下殿去。

赵绰面不改色，说："陛下可以杀我，但是不该杀辛檦。"

左右侍从真的把赵绰扭下朝堂，剥了他的官服，摘掉他的官帽，准备处斩。这时候，隋文帝也想到杀赵绰太没道理，就派人跟赵绰说："你还有什么话说？"

赵绰跪在地上，挺直了腰说："臣一心执法，不怕一死。"

隋文帝并不真想杀赵绰，磨蹭了一阵，气也平了。他想赵绰能忠于执法，毕竟有利于他的统治，就把赵绰放了。过了一天，还派人慰问了赵绰。

在大理官署里，有一个官员名叫来旷，听说隋文帝对赵绰不满意，想迎合隋文帝，就背着赵绰给隋文帝上了一道奏章，认为大理衙门执法太宽。隋文帝看了奏章，认为来旷说得很中肯，就把他提升了官职。

来旷自以为受到皇帝的赏识，就昧着良心诬告赵绰徇私舞弊，把不该赦免的犯人放了。

隋文帝虽然嫌赵绰办事不顺他的心，但是对来旷的上告却有点怀疑。他派亲信官员去调查，根本没有这回事。隋文帝弄清真相，勃然大怒，立刻下令把来旷处死。

隋文帝把这个案子交给赵绰办，认为这一回来旷诬告的是赵绰自己，杀了他赵绰不会不同意。哪儿知道赵绰还是说：“来旷有罪，但是不该判斩。”

隋文帝很不高兴，袖子一甩，就退朝往内宫去了。

赵绰在后面大声嚷着说：“来旷的事臣就不说了。不过臣还有别的要紧事，请求面奏。”

隋文帝信以为真，就答应让赵绰进内宫。

隋文帝问赵绰有什么事。赵绰说：“我有三条大罪，请陛下发落。第一，臣身为大理少卿，没有把下面的官吏管好，使来旷触犯刑律；第二，来旷不该处死，臣不能据理力争；第三，臣请求进宫，本来没有什么事，只是因为心里着急，才欺骗了陛下。”

隋文帝听到最后几句话，禁不住哑然失笑。旁边独孤皇后在座，也很赏识赵绰的正直，命令左右赐给赵绰两杯酒。隋文帝也同意赦免来旷死刑，改判革职流放。

◎故事感悟

在中国5000年的文明史中，一直是以人治国的，国君明则天下太平，国君昏庸则天下大乱，国君一人可以执掌生死，凌驾于法律之上。但赵绰可谓是依法治国的典范，不管是皇帝本身还是太子王孙，只要触犯了刑法，一律与庶民同罪，这种持正不阿的魄力在今天也值得我们好好学习。

◎史海撷英

科举制度

科举是历代封建王朝通过考试选拔官吏的一种制度。由于采用分科取士的办法，所以叫做科举。科举制从隋朝大业元年（605）开始实行，到清朝光绪三十一年（1905）举行最后一科进士考试为止，经历了1300多年。

◎文苑拾萃

隋书 · 赵绰传

赵绰，河东人也，性质直刚毅。在周初为天官府史，以恭谨恪勤，擢授夏官府下士。稍以明干见知，累转内史中士。父艰去职，哀毁骨立，世称其孝。既免丧，又为掌教中士。高祖为丞相，知其清正，引为录事参军。寻迁掌朝大夫，从行军总管是云晖击叛蛮，以功拜仪同，赐物千段。高祖受禅，授大理丞。处法平允，考绩连最，转大理正。寻迁尚书都官侍郎，未几转刑部侍郎。治梁士彦等狱，赐物三百段，奴婢十口，马二十匹。每有奏谳，正色侃然，上嘉之，渐见亲重。上以盗贼不禁，将重其法。绰进谏曰："陛下行尧、舜之道，多存宽宥。况律者天下之大信，其可失乎！"上欣然纳之，因谓绰曰："若更有闻见，宜数陈之也。"迁大理少卿。故陈将萧摩诃，其子世略在江南作乱，摩诃当从坐。上曰："世略年未二十，亦何能为！以其名将之子，为人所逼耳。"因赦摩诃。绰固谏不可，上不能夺，欲绰去而赦之，固命绰退食。绰曰："臣奏狱未决，不敢退朝。"上曰："大理其为朕特赦摩诃也。"因命左右释之。刑部侍郎辛亶，尝衣绯裈，俗云利于官，上以为厌蛊，将斩之。绰曰："据法不当死，臣不敢奉诏。"上怒甚，谓绰曰："卿惜辛亶而不自惜也？"命左仆射高颎将绰斩之，绰曰："陛下宁可杀臣，不得杀辛亶。"至朝堂，解衣当斩，上使人谓绰曰："竟何如？"对曰："执法一心，不敢惜死。"上拂衣而入，良久乃释之。明日，谢绰，劳勉之，赐物三百段。时上禁行恶钱，有二人在市，以恶钱易好者，武候执以闻，上令悉斩之。绰进谏曰："此人坐当杖，杀之非法。"上曰："不关卿事。"绰曰："陛下不以臣愚暗，置在法司，欲妄杀人，岂得不关臣事？"上曰："撼大木不动者，当退。"对曰："臣望感天心，何论动木！"上复曰："啜羹者，热则置之。天子之威，欲相挫耶？"绰拜而益前，诃之不肯退。上遂入。治书侍御史柳彧复上奏切谏，上乃止。上以绰有诚直之心，每引入阁中，或遇上与皇后同榻，即呼绰坐，评论得失。前后赏赐万计。其后进位开府，赠其父为蔡州刺史。时河东薛胄为大理卿，俱名平恕。然胄断狱以情，而绰守法，俱为称职。上每谓绰曰："朕于卿无所爱惜，但卿骨相不当贵耳。"仁寿中卒官，时年六十三。上为之流涕，中使吊祭，鸿胪监护丧事。有二子，元方、元袭。

正直忠臣褚遂良

◎土广而任则国富，民众而制则国治。——《尉缭子·兵谈第二》

褚遂良（596—659），字登善，浙江钱塘（今杭州市）人。唐朝著名书法家。他的书法初学虞世南，晚年取法钟繇、王羲之，融汇汉隶，丰艳流畅，变化多姿，自成一家，与欧阳询、虞世南、薛稷并称初唐四大书家。相传虞世南死后，唐太宗叹息无人可以论书。魏征称赞说："褚遂良下笔遒劲，甚得王逸少体。"魏征认为，他对王字理解得深刻，有辨认王字真伪的能力。他的传世书迹有楷书《孟法师碑》、《雁塔圣教序》、《伊阙佛龛》。

褚遂良是我国古代著名书法家，其书法继承王羲之传统，外柔内刚，笔致圆通，见重于世，与欧阳询、虞世南、薛稷并称为"初唐四家"。

褚遂良不仅是位书法家，还是一位良史。古代所谓良史就是刚直不阿的史官，如董狐、司马迁都是良史。他们秉笔直书，不怕杀头。

唐太宗贞观十三年（639），褚遂良入朝担任谏议大夫，又负责记起居注。起居注是帝王的言行录，每天必记，事事不漏，是修史的重要依据，史官据以编修国史。

有一天，唐太宗问褚遂良道："你近来负责起居注，起居注里都记些什么啊？"褚遂良回答说："起居注是记载帝王言行、兼记朝政大事的日记体史册名称，为历代编修实录及正史的主要史料来源之一。周代就设有左史、右史，为天子记录言行。起居注的正式名称始于汉代。"

唐太宗听了，点了点头，问道："起居注里记录的皇帝言行能让皇帝本人看吗？我很想看一看这种起居注的内容，希望能回顾过去的行为得失，警诫自己，避免重犯过去的错误。”褚遂良一脸难色，略带歉意地说：“起居注既是用来记载皇帝的言行的，那就无论好的坏的都要记载下来。起居注的设立，客观上是能起到不让皇帝去做非法之事的作用，但没有听说过皇帝亲自察看史官记录的事。”

唐太宗一心想做个好皇帝，因此最担心自己的不良行为被记载下来，于是又问道：“我如果说了错话，或做了错事，一定要记下来吗？”褚遂良回答说：“做官就要忠于职守，我的职责就是把陛下的言行都记下来，好的坏的都不能漏掉。”这话说得太刚直了，唐太宗有点接受不了，黄门侍郎刘洎正好在旁边，忙上前说：“皇上有了过失，就好像日食、月食，天下的人都会看到的，即使褚遂良不记，天下的人也会记下来的。”唐太宗一听把他比做日月，心中怒火顿消，没有再说什么。

◎故事感悟

褚遂良是一位刚正不阿的忠臣，也是一位信守古代良史原则的史官。他没有迎合唐太宗，即使冒犯龙颜也在所不惜。正因为他为人正直，唐太宗临死时，才把辅佐儿子的重任交给了他和另一位大臣长孙无忌。

◎史海撷英

黄门侍郎褚遂良

贞观十二年（638），李世民视同师长的大书法家虞世南逝世，这使李世民感到特别伤心。太宗曾叹息：“虞世南死，无与论书者！”魏征适时地将褚遂良推荐给了李世民，太宗即刻命他为“侍书”。

李世民即皇帝位后，曾不遗余力地广泛收集王羲之的法帖，天下人争着献上领赏。如何鉴别真伪？褚遂良对王羲之的书法是最为熟悉的，他可以丝毫不爽地鉴别出王羲之书法的真伪，使得没有人再敢将赝品送来邀功。褚遂良的这一举动得到了李世民的极大欢心与信任，于是便将他提为谏议大夫，兼知起居事。李世民每有大事，几乎都要向褚遂良咨询。同时，褚遂良也确实具有政治家的远见卓识。

李世民想亲自去征讨辽东，此事遭到了褚遂良的反对，但是李世民强硬的态度却使褚遂良感到恐惧。他没有再坚持，并跟随唐太宗远征辽东。但是后来事态的发展，证实了褚遂良的话是对的。

贞观十八年(644)，作为黄门侍郎的褚遂良开始参与朝政。随后，他被皇帝派往全国各地，巡察四方，直接可以黜涉官吏。正在此时，他父亲褚亮死了，他不得不暂时辞去黄门侍郎之职。贞观二十二年(648)，太宗的得力助手马周死了，褚遂良才又被起用为黄门侍郎。这一年的阴历九月，他被提升为中书令，接替了马周的位置，成为继魏征之后，与刘洎、岑文本、马周、长孙无忌一样在唐代政坛上起着举足轻重作用的大臣。

◎文苑拾萃

我国古代书法艺术

从汉代到唐代的600余年间，涌现出一批又一批伟大的书法家。在晋代，被后人尊为书圣的王羲之和他的儿子王献之留下了他们情驰神纵、超逸优游的作品。随后，宋、齐、梁、陈的书法家依然继续着他们的遗风。而此时的北部中国却在一种宗教意识的推动下，独创了一种与文人书法相对的——即与玄妙的、简约的、清淡的、平和的书风相对的那种雄浑、博大、壮硕、朴拙的书风。南北朝分裂局面的结束，隋朝的建立特别是唐朝的建立，使书法艺术南北相峙的风格亦合流在一起。

618年，强大的唐王朝建立。随着政治、文化与经济的复兴，书法艺术也出现了前所未有的繁荣景象。如果我们从书法史的角度瞻前顾后，那么汉魏艺术风格过于质朴；在两晋又太变幻莫测；宋人书法艺术风格又以老成为倾向；而元、明、清的书法，似乎每况愈下。只有唐代，才在书法中表现出典雅、华贵、丰满和情韵的成熟美。每当我们面对唐人书法作品时，不禁惊诧于唐人书法的完整性与典型性。唐代书法家因此和晋朝书法家一起，被后人称为“晋唐传统”。他们是：钟繇、王羲之、王献之、智永、虞世南、欧阳询、褚遂良、颜真卿、柳公权等人。在这个传统之中，褚遂良占着异常重要的位置。从某方面来说，他对后世的影响可能比任何一家的贡献都要大。

千古名相魏征

◎谗言谨莫听，听之祸殃结。——《全唐诗外编》

魏征（580—643），字玄成。唐初杰出的政治家、思想家、史学家。河北巨鹿人。曾任谏议大夫、左光禄大夫，封郑国公，以直谏敢言著称，是中国历史上最负盛名的谏臣。

魏征进谏，凡是他认为正确的意见，必定当面直谏，坚持到底，决不背后议论，这是他的可贵之处。

有一次，唐太宗对长孙无忌说："魏征每次向我进谏时，只要我没接受他的意见，他总是不答应，不知是何缘故？"未等长孙无忌答话，魏征接过话头说："陛下做事不对，我才进谏。如果陛下不听我的劝告，我又立即顺从陛下的意见，那就只能依照陛下的旨意行事，这不违背了我进谏的初衷吗？"太宗说："你当时应承一下，顾全我的体面，退朝之后，再单独向我进谏，难道不行吗？"魏征解释道："从前，舜告诫群臣，不要当面顺从我，背后又另讲一套，这不是臣下忠君的表现，而是阳奉阴违的奸佞行为。对于您的看法，为臣不敢苟同。"太宗非常赞赏魏征的意见。

在国家大政方针上，尤其是大乱之后拨乱反正，魏征主张宜快不宜慢，宜急不宜缓。唐太宗即位之时，百废待兴。一天，他问魏征："贤明的君主治理好国家需要百年的工夫吧？"魏征不同意太宗的想法，他说："圣明的人治理国家，就像声音立刻就有回音一样，一年之内就可见到效果，两年见效就太晚了，怎么要等百年才能治理好呢？”尚书仆射封德彝嘲笑魏征的看法，魏征说：“大乱之后治理国家，就像饿极了的人要吃东西一样，来得更快。行帝道则帝，行王道则王，事在人为，而不是人民是否可以教化的问题。”太宗听从了魏征的意见，积极采取有效措施，只过了两三年，唐朝就出现了贞观之治的局面。

魏征还主张取信于民，不要朝令夕改，让人无所适从。唐朝原定18岁的男子才能参加征兵服役。一次，为了多征兵巩固边境，唐太宗要求16岁以上男子全部应征，魏征坚决不同意。他说：“涸泽而渔，焚林而猎，是杀鸡取卵的做法。兵不在多而在精，何必为了充数把不够年龄的人也弄来呢？况且这也是失信于民。”唐太宗问自己是否有失信于民的事，魏征举了三个例子。太宗虽然觉得言词尖刻，难听刺耳，但心中仍很高兴，认为魏征忠于朝廷，是以精诚之心辅佐自己以信义治国，于是便下令停止执行征召中男入伍。同时奖赏魏征金瓮一口，以资鼓励。

在个人享乐方面，魏征经常犯颜直谏。有一次，唐太宗想去南山打猎，车马都准备好了，最后还是没敢去。魏征问他为什么没有去，太宗说：“我起初是想去打猎，可又怕你责备，就不敢去了。”还有一次，唐太宗从长安去洛阳，因为当地供应的东西不好，唐太宗很生气。魏征对太宗说：“隋炀帝就是因为无限制地追求享乐而灭亡的。现在因为供应不好就发脾气，以后必然上行下效，各地方拼命供奉陛下，以求陛下满意。供应是有限的，人的奢侈欲望是无限的，如此下去，隋朝的悲剧又该重演了。”太宗听了这番话肃然心惊，以后很注意节俭。

对于唐太宗的品德修养，魏征也很重视。他直言不讳地对太宗说：“居人上者，其身正，不令而行；其身不正，虽令不从。”他还引用荀子的话告诫太宗：君主似舟，人民似水，水能载舟，亦能覆舟。这句话对唐太宗震动很大，他一直牢记在心。一次，太宗问魏征怎样才能做一个明君，魏征就讲了隋朝虞世基的故事。虞世基专门投隋炀帝所好，专说顺话，不讲逆耳之言；专报喜，不报忧，结果隋朝灭亡。由此魏征得出了一个著名的结论，即“兼听则明，偏听则暗”。

魏征和唐太宗相处17年，一个以直言进谏著称，一个以虚怀纳谏出名，尽管有时争论激烈，互不相让，最后太宗也能按治道而纳谏，这种君臣关系在历史上极为罕见。魏征去世后，唐太宗极为思念，感慨地说：“夫以铜为镜，可以正衣冠；以古为镜，可以知兴替；以人为镜，可以明得失。朕常保此三镜，以防己过。今魏征殂逝，遂亡一镜矣。”这恐怕是历代大臣所能享受的最大哀荣了。魏征成为唐太宗预防自己犯过的一面明镜，这充分体现了魏征在唐太宗治理国家中不可替代的作用。

魏征以直谏著称，但并非不讲究进语艺术，他有时也能以文才雅兴暗喻讽劝，委婉地开导太宗，使其醒悟改过。贞观十一年，太宗到洛阳巡视，魏征随百官同行。太宗在洛阳宫西苑宴请群臣，又带群臣泛舟积翠池。太宗指着两岸的景色和宫殿，对大臣们说：“隋炀帝穷奢极欲，大兴土木，宫殿园苑遍布京都，结果官逼民反，身死异乡。而今这些宫殿、园苑尽归于我。炀帝亡国，与佞臣阿谀奉承、弄虚作假、助纣为虐有很大关系，你们可要引以为戒啊！”魏征立即回答道：“臣等以宇文述等佞臣为戒，理固当然；望陛下以炀帝为鉴，则国家太平，万民幸甚！”唐太宗一听魏征之言，觉得很有道理，主张君臣共勉。他又要求群臣赋诗助兴，群臣恭请太宗先赋，太宗略一沉思，立即朗声吟道：

日昃玩百篇，临灯披《五典》。
夏康既逸豫，商辛亦流湎。
恣情昏主多，克己明君鲜。
天身资累恶，成名由积善。

这首诗，太宗命名为《尚书》，他以《尚书》中的骄奢淫逸的昏君为例，指出他们身败名裂、国破家亡是由于作恶多端，咎由自取。那些克己俭朴、勤政爱民的明君，尽管在历史上不多，但却名垂千古、青史流芳，这就在于他们注意修养，不断做好事，为民谋利所致。太宗此诗，通过咏史，抒发了自己立志做一个“克己明君”的襟怀。群臣一听，齐声赞颂。太宗要求群臣逐一赋诗，魏征当仁不让，立赋《西汉》一诗，他朗诵道：

受降临轵道，争长趣鸿门。
驱传渭桥上，观兵细柳屯。
夜宴经柏谷，朝游出杜原。
终籍叔孙礼，方知皇帝尊。

这首诗，魏征以西汉初年几个有作为的皇帝高祖、文帝、景帝、武帝为例，说明帝王贤明，勤劳国事，既建武功，又修文治，才能受到百姓的爱戴。魏征希望太宗向刘邦等帝王学习，既“受降”于秦王子婴，建灭秦之武功；又礼遇儒生叔孙通，开文治之基业。太宗聪颖过人，一听此诗，便知魏征暗含讽意，他激动地说：“魏征忠心耿耿，不仅以奏疏谏我，而且赋诗时，又以礼仪开导于我，真可谓知古德的忠直之臣。”

唐太宗对魏征的评价很高。有一次，他问群臣：“魏征与诸葛亮相比，哪个更为贤良？”岑文本说：“诸葛亮才兼将相，魏征不如他。”太宗却说：“魏征以仁义之道辅佐我治国，希望我成为尧、舜那样的明君，就此而言，诸葛亮也不能同他相提并论。”可见，在唐太宗的心中，魏征的才德是何等之高。

◎故事感悟

俗话说，当局者迷，旁观者清，有些事情发生在自己身上可能就会因太多主观因素而蒙蔽双眼，做出错误的判断。要想弄清真相，就要多听取他人的意见，不能偏听偏信。魏征直言敢谏、持正不阿，他的才德之高是公认的，也是值得后人学习的。

◎史海撷英

良臣与忠臣

贞观元年(627)，魏征升任尚书左丞。这时，有人奏告他私自提拔亲戚做官，唐太宗立即派御史大夫温彦博调查此事。结果，查无证据，纯属诬告。但唐太宗仍派人转告魏征说："今后要远避嫌疑，不要再惹出这样的麻烦。"魏征当即面奏说："我听说君臣之间，相互协助，义同一体。如果不讲秉公办事，只讲远避嫌疑，那么国家兴亡，或未可知。"并请求太宗要使自己作良臣而不要作忠臣。太宗询问忠臣和良臣有何区别，魏征答道："使自己身获美名，使君主成为明君，子孙相继，福禄无疆，是为良臣；使自己身受杀戮，使君主沦为暴君，家国并丧，空有其名，是为忠臣。以此而言，二者相去甚远。"太宗点头称是。

◎文苑拾萃

魏征劝驾

唐太宗到九成宫居住的时候，有宫女要回京城，住在县城的驿站里。不久右仆射李靖和侍中王珪也来了，县吏按照规定让宫女们搬走。唐太宗知道这事后很生气，说："李靖那些人也太霸道了！当地官吏为什么偏袒李靖而怠慢我的宫女？"就下令查处那些人。魏征劝阻道："李靖他们是陛下的心腹大臣，而宫女只是给皇上皇后打杂的奴婢。要论各自的职守，两者根本没得比。再说李靖等人因公外出，各地官吏要向他们打听朝廷的纲纪，回来后，陛下也要向他们询问民间疾苦，他们当然应该和下面的官吏见面。至于宫女，除了要供给她们饮食之外，官吏没有义务去参见她们。如果以这种罪名处罚他们的话，恐怕对陛下仁德的名声不利。"唐太宗这才息怒，宣布不追究县吏和李靖他们了。

刚正不阿二贤人

◎常思奋不顾身以徇国家之急。——班固《汉书·司马迁传》

柳浑（714—789），字夷旷，一字惟深，本名载，柳惔六世孙，襄阳人，唐代名相。少孤，志学栖贫。举进士，为监察御史。魏少游镇江西，奏署判官。后为袁州刺史，迁左散骑常侍。拜宜城县伯，加同中书门下平章事。著有文集10卷，其中《新唐书艺文志》传于世。

唐德宗贞元三年（787），柳浑与张延赏同朝为相，两人都是刚正不阿的人。

柳浑，襄州人，很小便死了父亲，但他贫而好学，后来考中进士，作了监察御史。因他刚正不阿，又被提升为宰相。

张延赏和柳浑可谓同病相怜，3岁时父亲去世，但他勤学好问，博通经史，通达政务，于唐代宗大历二年（767）出任河南尹。他忠于职守，简政薄赋，疏通河渠，招抚流亡百姓，几年后使中州大地渐呈繁荣景象。对此，朝廷特下诏褒奖。这时，因安史之乱已经平定，朝廷罢免了河南一带的拥兵将帅，将军队集中于东都洛阳，封张延赏为东都留守，兼管当地驻军。张延赏在东都任职五年，政绩考核为一等。东都任满后，张延赏被召回京城任御史大夫。时值奸相元载执掌朝政，张延赏因不愿阿附元载加害忠良，不久被排挤出京，担任淮南节度使，兼扬州刺史。

那时，元载专权，同平章事王缙阿附他，两人都是巨贪。元载妻子王氏及儿子元伯和、元仲武，还有王缙的弟弟和妹妹，争收贿赂，形成一个垄断朝政、迫害忠良的集团。但张延赏却不阿附元载，反而洁身自好，与元载作对。

因张延赏在地方官任上政绩突出，唐德宗召其回朝中担任宰相。但此时的张延赏已经积劳成疾，不能有大作为了。和他同朝为相的柳浑为人耿直，有话就说，不被喜欢稳重的唐德宗所喜欢。出于关心，张延赏派一名亲信去劝柳浑说："相公一向德高望重，只要在朝堂上少说话，就可长保相位了。"柳浑一听，竟脱口而出："请先生代我谢谢张公的好意，我的头可断，但我的舌是不能禁的。"柳浑刚正不阿出自天性，因此有话就说。

后来，柳浑终因多言无忌，得罪了唐德宗而被罢相。而张延赏不久也病逝了。

◎故事感悟

张延赏和柳浑不畏权贵，不阿谀奉承，敢于直言进谏，表现出了持正不阿的崇高精神，继承了中华民族优秀的道德传统。

◎史海撷英

贤相柳浑

柳浑幼孤，有巫人给他看相说，"此儿相贱，且短命，若为僧、道，可缓死。"家人欲从其言。柳浑说："不读诗书，去当术士，不若速死。"于是发奋求学。天宝初年（约742），举进士，任单父（今山东省单县）尉，后迁衢州（今浙江省衢县）司马，曾一度弃官隐居武宁山。不久，被召回朝廷，拜监察御史；柳浑生性放旷，不愿在朝廷做事，想求外职，"宰相惜其才，留为左补阙（有缺额即补）"。

大历初，魏少游镇江西，柳浑为判官。开元寺僧与酒徒夜饮，失火，却归罪于守门人。人均知此系一冤案，不敢言。唯柳浑与同事崔祐甫为守门人鸣冤。自此，柳浑以公正闻名当时。后为袁州（治所在今江西省宜春）刺史。崔祐甫辅佐朝政，荐柳浑为谏议大夫（从五品），不久为尚书右丞。

朱泚作乱时，柳浑隐匿于终南山。朱泚以宰相官职相引诱，浑未就。贞元元年(785)，拜兵部侍郎，封宜城县伯。贞元三年，以本官同中书门下平章事(丞相)。有一次，皇帝(唐德宗李适)命玉工制作玉带，误伤一銙(犹今之带扣版)。工人害怕，至市上买他玉补上。皇帝一看，不是同类，认为有欺君之罪，欲将玉工处死。柳浑说："以法律，误伤乘舆器服，罪当杖。"由于柳浑执法公正，玉工被杖打六十，得免一死。

韩滉自浙西入朝，皇帝委以重任。人虽有议论，均未直言。浑事无巨细，一概过问，有时竟超越自己职权以外。浑虽为滉所推荐，但也恶其专政，对滉说："先相国因处事偏激，不一年而去任，今公奈何又蹈前非！"滉悔恨，其威稍减。

后来柳浑与吐蕃订盟约于平凉(今甘肃省辖县)。有人认为，此约可保百年无事。而浑却跪谏说："吐蕃人面兽心，不可信。"皇帝变色说："浑，儒生，不晓边境之事。"果不出柳浑所料，夜半，邠州节度使飞奏朝廷，吐蕃反，"将校皆覆没"。次日，皇帝慰勉柳浑说："你是一儒士，竟知万里以外的敌情，可嘉。"于是柳浑更受人敬重。

◎文苑拾萃

《旧五代史》

在我国历史上，唐朝和宋朝之间曾有过封建社会中最后一次的大规模分裂割据时期。从907年朱晃代唐称帝到960年北宋王朝建立的53年间，中原地区相继出现后梁、后唐、后晋、后汉、后周等五代王朝，中原以外存在过吴、南唐、吴越、楚、闽、南汉、前蜀、后蜀、南平、北汉等十个小国，周边地区还有契丹、吐蕃、渤海、党项、南诏、于阗、东丹等少数民族建立的政权，习惯上称之为"五代十国"。《旧五代史》记载的就是这段历史。

《旧五代史》共150卷，61纪，12志，77传。按五代断代为书，梁书、唐书、晋书、汉书、周书各十余卷至五十卷不等。各代的《书》是断代史，《志》则是五代典章制度的通史，《杂传》则记述了包括十国在内的各割据政权的情况。这种编写体例使全书以中原王朝的兴亡为主线，以十国的兴亡和周边民族的起伏为副线，叙述条理清晰，较好地展现了这段历史的面貌。对于南方和北汉十国以及周围少数民族政权如契丹、吐蕃等，则以《世袭列传》、《僭伪列传》、《外国列传》来概括。因此，这部书虽名为五代史，实为当时整个五代十国时期各民族的一部断代史。

宰相不做佞人客

◎居闲非吾志，甘心赴国忧。——曹植《杂诗六首》

宋璟（663—737），字广平，河北邢台市南和县阎里乡宋台人。其祖于北魏、北齐皆为名宦。少年博学多才，擅长文学。弱冠中进士，官历上党尉、凤阁舍人、御史台中丞、吏部侍郎、吏部尚书、刑部尚书等职。唐开元十七年（729）拜尚书右丞相，授府仪同三司，晋爵广平郡开国公，经武后、中宗、睿宗、殇帝、玄宗五帝，在任52年。一生为振兴大唐励精图治，终于与姚崇同心协力，把一个充满内忧外患的唐朝改变为政治、经济、文化、军事处于世界领先地位的大唐帝国，史称“开元盛世”。

王毛仲是唐玄宗的宠臣，百官都逢迎趋附他，像车轮上的木条向轴心集中一样。

原来，王毛仲是高丽人，年幼时因父亲违法，全家入官府为奴，王毛仲成了当时临淄王李隆基的奴仆。因其聪明机智，骁勇过人，善于骑射，长大后升为李隆基的贴身侍从，极受器重。后来，王毛仲在唐玄宗发动政变消灭韦氏集团时立过大功，因而升任太仆，成为红极一时的人物。

这年，王毛仲的女儿要出嫁了，唐玄宗关切地问王毛仲道：“听说爱卿的女儿要出嫁了，还缺什么啊？”王毛仲叩头说：“万事俱备，只缺贵客了。”唐玄宗说：“张说他们不都请动了吗？”王毛仲回答说：“他们是请动了。”唐玄宗一听这话，笑了笑说：“朕知道爱卿请不动的那一位是谁了，一定是宋璟吧？”王毛仲回答道：“正是。”唐玄宗笑着说：“朕明天为爱卿请他出席婚礼。”

第二天，唐玄宗对宋璟说：“朕的家奴王毛仲有儿女婚事，爱卿就和其他大臣到他家去一趟吧。”宋璟见皇上亲自相邀，只得答应了。

举行婚礼这天，都已经到中午了，众宾客在王毛仲的宴席上还不敢动筷子。原来，他们在等宋璟呢。又等了好久，宋璟才到。他先举杯向皇上所在的方向致敬，然后请大家开宴。开宴后，他刚饮了一小口酒，就起身说肚子不舒服，离席回相府了。

◎故事感悟

宋璟持正不阿，对皇上跟前炙手可热的红人也不逢迎、不趋附。《资治通鉴》称：“唐代贤相，前称房（玄龄）杜（如晦），后称姚（崇）宋（璟），他人莫得比焉。”

◎史海撷英

阳春有脚

唐中宗时，宋璟被任命为谏议大夫。不久，他直言触怒了中宗，被贬为刺史。到地方后，他廉洁奉公，尽力为百姓做好事，使当地民风变得淳朴起来，家家户户安居乐业。

他在广州任都督时，当时广东人都用茅竹建房子，经常发生大火。宋璟教他们用砖瓦盖房，减少了火灾，造福了百姓。后来他当了宰相，一次，他的远房叔叔宋元超在参加吏部的选拔时，对主考官说了自己和宋璟的特殊关系，希望被照顾。宋璟得知后，特地关照吏部不能给他官做。

当时人们称赞宋璟像长了脚的春天，走到哪里，就把光明和温暖带到哪里。

不畏权贵的萧复

◎人谁不死？死国，忠义之大者。——陈寿《三国志 · 魏书 · 杨阜传》

萧复（732—788），字履初，祖籍南兰陵。父驸马萧衡，母新昌公主，唐玄宗李隆基外孙，开元宰相萧嵩孙。著名唐朝丞相。唐德宗建中四年（783）拜相，为萧氏唐朝拜相第五人。萧复出身名门，志励名节。伯父萧华常夸其“此子当兴吾宗”。萧复以祖荫袭为黄门郎，数年后，历任歙州、池州和常州刺史。他勤于政事，正直廉洁，其政绩在当朝群臣中名列第一。

萧复是唐朝新昌公主的儿子。他的父亲萧衡担任太仆卿，被封为驸马都尉。

萧复的堂兄弟们竞相装饰车马，生活放纵糜烂，以奢侈豪华相攀比。而萧复却穿着洗过多次的衣服，独居一室，刻苦读书，不是文人学士不相交往。伯父萧华经常称赞他，不久，萧复入朝为官。

唐代宗广德年间，因连年灾荒，庄稼不收，物价飞涨，萧复家中贫困，要出售昭应别墅。

宰相王缙听说昭应别墅林泉秀美，想占为己有，于是派弟弟王纮对萧复说：“依你的才华，理当出任高官，如果你肯把别墅献给我哥哥，就可以身居高位了。”

萧复强压怒火，回答说：“我是因为家贫才想变卖祖宗的产业，如果用别墅为我自己换取高官，使家里的人饥寒交迫，那就不是我的初衷了。”

王缙听说后，很不高兴，罢了萧复的官。罢官后，萧复一如既往，性情丝毫没变。

唐代宗大历十四年（779），萧复出任潭州刺史、湖南观察使。

当时，湖南大旱，百姓饱受饥饿之苦。萧复见京畿观察使仓库就在辖区内，立即开仓赈济灾民。为此，萧复被削去了官阶。朋友们前来慰问时，萧复态度和悦地说："如果有利于百姓，我不怕小人的陷害。"

唐德宗建中末年，萧复出任户部尚书、统军长史。

有一年，萧复随从唐德宗到奉天，被拜为吏部尚书、平章事。萧复对唐德宗说："宦官出任监军，恩宠过重了。这些人只适合做一些宫内的事务，不应该参与军机，干预政事，掌握朝廷大权。"

唐德宗很不高兴地说："爱卿还是谈谈别的吧。"

萧复接着说："陛下刚一即位，天下百姓无不翘首以待，都想蒙受皇帝的圣德。但是，陛下用杨炎、卢杞主持政务，他们朋比为奸，结党乱政，以致天下大乱。现在局势已很危急，希望陛下进行重大改革，微臣愿担此重任，决不荒废职守。"

唐德宗已被奸臣卢杞蒙蔽，对他深信不疑，因而无论萧复说什么他也听不进去。

卢杞在唐德宗面前总是阿谀奉承，穷极谄媚之态，一切都顺从唐德宗的旨意。有一次，萧复正好在场，严肃地说："卢杞说得不对。"唐德宗听了，大吃一惊。退朝后，唐德宗对左右说："萧复太轻视朕了。"于是将萧复赶出朝廷。

◎故事感悟

萧复不畏权贵，疾恶如仇，刚强不屈的性格使他离开了政治舞台，但他坚持正义、不趋炎附势的品德和一心为国为民的思想将永远在历史的长河中闪烁光芒！

◎史海撷英

同中书门下平章事

同中书门下平章事，唐朝宰相称号。

唐初，以中书省、门下省、尚书省综理政务。中书、门下二省地处宫内，尤为机要，故常联称。三省长官（中书令、侍中、尚书左右仆射）并为宰相。宰相议事的政事堂初设于门下省，后移至中书省。唐初，除三省长官为当然宰相外，皇帝又指令其他官员参与朝政机密。本官阶品较低者，则用“同中书门下三品”或“同中书门下平章事”（武周时改称为“同凤阁鸾台三品”或“同凤阁鸾台平章事”）的头衔，亦为宰相。“同三品”是因为中书令、侍中是中书、门下正三品官，加此衔以示其与中书令、侍中享有同等权力及待遇。贞观十七年（643），李绩为太子詹事同中书门下三品，是此号第一次出现。其后，以此衔为参政标志，虽本官品级高于三品者也要加此衔才得为宰相。“平章”意为评议辨别，引申为断决处理。受此衔者，即有在中书门下处理政事的职责。史载贞观四年，戴胄以民部尚书同平章国计；八年，左仆射李靖以疾辞位，诏令其病稍痊愈，三两日一至中书门下平章政事。这都是此衔出现的早期记录。至高宗永淳元年（682），同中书门下平章事始成为四品以下知政事者的头衔，其位在“同三品”之下。

“同三品”及“同平章事”都属差遣性质，本身并无品秩，任此职者必另兼职事官衔。凡五品以上职事官经过皇帝授权即可充任，不受资历限制，这便于皇帝从中级官吏中选拔亲信以分相权。“同三品”一衔，高宗、武后、中宗时期使用最多，玄宗时已逐渐减少。肃宗至德二载（757），李麟为同中书门下三品是此衔最后一次授任。“同平章事”则自永淳以后逐渐增多，至肃宗乾元元年（758）以后，成为以他官知政事者的唯一头衔。而原为当然宰相的三省长官之中，尚书仆射的相权自贞观末年即已开始削弱，到唐玄宗时，已完全被排除于宰相行列之外。中书令、侍中在安史之乱以后，经常用来加授给元勋、上将，也逐渐变成虚衔。于是唐代后期及五代，“同中书门下平章事”才是真宰相。此外，以节度使等而兼中书令、侍中或同平章事的也是虚衔，被称为使相。“同平章事”虽通常自五品以上官员中选拔，但拔充此职时，多转为中书侍郎或门下侍郎，这是因为中书、门下两者始终是政府枢要机构之故。

◎文苑拾萃

旧唐书·列传第七十五

萧复，字履初，太子太师嵩之孙，新昌公主之子。父衡，太仆卿、驸马都尉。

少秉清操，其群从兄弟，竞饰舆马，以侈靡相尚，复衣浣濯之衣，独居一室，习学不倦，非词人儒士不与之游。伯华每叹异之。以主荫，初为宫门郎，累至太子仆。

广德中，连岁不稔，谷价翔贵，家贫，将鬻昭应别业。时宰相王缙闻其林泉之美，心欲之，乃使弟紘诱焉，曰："足下之才，固宜居右职，如以别业奉家兄，当以要地处矣。"复对曰："仆以家贫而鬻旧业，将以拯济孀幼耳，倘以易美职于身，令门内冻馁，非鄙夫之心也。"缙憾之，乃罢复官。沉废数年，复处之自若。后累至尚书郎。大历十四年，自常州刺史为潭州刺史、湖南观察使。及为同州刺史，州人阻饥，有京畿观察使储廪在境内，复辄以赈贷，为有司所劾，削阶。朋友唁之，复怡然曰："苟利于人，敢惮薄罚。"寻为兵部侍郎。

建中末，普王为襄汉元帅，以复为户部尚书、统军长史，以复父名衡，特诏避之，未行。扈驾奉天，拜吏部尚书、平章事。复尝奏曰："宦者自艰难已来，初为监军，自尔恩幸过重。此辈只合委宫掖之寄，不可参兵机政事之权。"上不悦，又请别对，奏云："陛下临御之初，圣德光被，自用杨炎、卢杞秉政，惛渎皇猷，以致今日。今虽危急，伏愿陛下深革睿思，微臣敢当此任。若令臣依阿偷免，臣不敢旷职。"卢杞奏对于上前，阿谀顺旨，复正色曰："杞之词不正。"德宗愕然，退谓左右曰："萧复颇轻朕。"遂令往江南宣抚。

范仲淹和王质

◎天下有道，以道殉身；天下无道，以身殉国。——《孟子·尽心上》

王质(1001—1045)，字子野，王旦之侄。莘县人。初以恩荫补官太常寺奉礼郎，后应试，进士及第，后出知陕州，卒于任，年45岁。

范仲淹是北宋名臣，他先天下之忧而忧，后天下之乐而乐，刚正不阿，直言敢谏。

范仲淹发现宋仁宗皇帝已经20岁了，但朝中各种军政大事仍由60多岁的刘太后一手处置，而且还听说这年冬至，刘太后要让宋仁宗同百官一起在前殿给她叩头庆寿。范仲淹认为家礼与国礼不能混淆，损害君主尊严的事应予制止，于是上书批评了这一计划。

范仲淹上书后，晏殊大为恐慌。他匆匆忙忙把范仲淹叫去，责备他为何如此轻狂，难道不怕连累推荐他的人吗？范仲淹一向敬重晏殊，这次却寸步不让，沉着脸直言道："我正因为受恩公推荐，才常怕不能尽职，让恩公难堪呢。不料，今天却因为直言进谏而获罪于恩公了。"一席话说得晏殊无言以对。

回家后，范仲淹索性再次上书，请刘太后撤帘罢政，将朝中大权交给宋仁宗。为此，范仲淹被贬为河中府(今山西省永济县一带)通判。

三年之后，刘太后去世。宋仁宗把范仲淹召回京城，派他做专门评议朝政的右司谏。有了言官的身份，范仲淹上书言事就更无所畏惧了。

宋仁宗明道二年(1033)，京东和江淮一带久旱不雨，又闹蝗灾，范仲淹奏请宋仁宗马上派人前去救灾，宋仁宗不予理会。范仲淹当面质问道："如果宫中半日停食，陛下该当如何呢？"宋仁宗听了这话，恍然大悟，立即派范仲淹前去周济灾民。范仲淹归来时，还带回几把灾民充饥的野草送给宋仁宗品尝。

宰相吕夷简当初是靠讨好刘太后起家的。刘太后一死，他又赶忙说刘太后的坏话。这种狡诈行径一度被宋仁宗的郭皇后揭穿，宰相职务也被罢免。不久，他通过内侍阎文应等人的支持重登相位，立即公报私仇，借宋仁宗的家务纠纷，废掉了郭皇后。宋仁宗根据吕夷简的预谋，明令禁止百官参议此事。

范仲淹懂得，这种宫廷家务纠纷背后掩藏着深刻而复杂的政治角逐。于是，他与负责纠察的御史台官孔道辅等人直奔垂拱殿，求见宋仁宗。他们吁请多时，无人理睬，司门官又将殿门砰然关紧。范仲淹等人手执铜环，叩击金扉，隔门高呼道："皇后被废，为何不听谏官进言！"入宫面谈不成，范仲淹准备明日早朝之后，将百官统统留下，当众与吕夷简辩论。

次日凌晨，妻子李氏牵着范仲淹的衣服，再三劝他不要去惹祸。范仲淹说："这是国家大事，身为大臣的不能不管。"说完，头也不回地出门而去。

范仲淹到了待漏院，正等候上朝时，忽听宋仁宗降诏，贬他到江南去做睦州（今浙江桐庐县附近）知州。接着，朝中又派人赶到他家，催促他立即离京。孔道辅等人也或贬或罚，无一幸免。

当时，朝中大臣都畏惧宰相，没有敢去送范仲淹的，独有集贤校理王质出郊设酒宴为范仲淹饯行。席上，王质举杯赞道："范君此行，十分荣耀！"范仲淹听罢大笑道："我范仲淹已经是三光了，下次如再送我，请准备一只整羊吧！"

两人借酒浇愁，互诉豪情壮志，纵谈天下大事，十分投机。

第二天，有人警告王质说："你昨日送范仲淹的一言一行，都被监视者记录在案，你将作为范党被审查。"王质听了，毫无畏色，反而引以为荣。王质说："范君是贤臣，我能成为范党，是很荣幸的。"

王质自幼便有文才。伯父王旦是宋真宗朝贤相，德高望重。王质的老师著名文学家杨亿很欣赏王质的才华，赞叹他是英才。王质十几岁时就开始做官，曾做过大理丞、荆湖路转运使和蔡州、寿州、秦州、苏州等知州。晚年以“天章阁待制”出任陕州知州，卒于任上。

此次饯行后，王、范两人结为生死挚友，因为他们志同道合，都是刚正不阿的人。后来，王质的女儿嫁给了范仲淹的次子范纯仁。王质死后，范仲淹特地为他作墓志铭。

◎故事感悟

“先天下之忧而忧，后天下之乐而乐”这两句话，正是范仲淹一生所追求的为人准则，是他忧国忧民思想的高度概括。为官数十载，他在朝廷犯言直谏，持正不阿，不怕因此获罪。他一心为民、为国的崇高品质值得赞扬。

◎史海撷英

范仲淹服丧

宋仁宗天圣四年(1026)，范仲淹的母亲谢氏病故。范仲淹含泪服丧，回南京居住。当时南京留守官晏殊已风闻范仲淹通晓经学，尤长于《易经》。他邀请范仲淹协助戚氏主持应天府学的教务。范仲淹慨然领命，还把另一位青年朋友富弼推荐给晏殊。

为了便于工作，范仲淹搬到学校去住。他制定了一套作息时刻表，按时训导诸生读书。夜晚，还经常深入宿舍，检查和责罚那些偷闲嗜睡的人。每当给诸生命题作赋，他必定先作一篇，以掌握试题难度和着笔重点，使诸生迅速提高写作水平。

应天府书院的学风很快就焕然一新，四方前来就读和专意向范仲淹问业的人络绎而至。范仲淹热诚接待这些迢迢而来的学者，不倦地捧书为他们讲授。有时，还用自己的微薄俸禄招待他们吃饭，以至自己家中窘迫不堪。一次，有位游学乞讨的孙秀才前来拜谒范公。范仲淹即刻送了他1000文钱。过了一年，孙秀才又来拜谒范公，范仲淹一边送钱给他，一边问他为何匆匆奔讨，不坐下来静心读书。孙秀才悲戚地说，“家有老母，难以赡养；若每天有100文的固定收入，便足够使用。”

范仲淹对他说：“听语气，你不像乞客。待我帮你在本校找个职事，让你一月可得3000文，去供养老人。如此这般，你能安心治学不能？”孙秀才大喜拜师，从此，跟着范仲淹攻读《春秋》。第二年，范仲淹离开南京，孙秀才也辞去职事。

十年之后，朝野上下传诵着有位德高望重的学者，在泰山广聚生徒，教授《春秋》，姓孙名复，就连山东著名的徂徕先生石介也师事于他。这位学者，便是当年那位孙秀才。范仲淹感慨地说：“贫困实在是一种可怕的灾难。倘若孙复一直乞讨到老，这杰出的人才岂不湮没沉沦。”

除了孙复之外，范仲淹还联络和帮助过许多著名的学者，如胡瑗、李觏、张载、石介等。或邀聘他们到自己的管界主持教务，或荐举他们出任朝廷的学官，或指点他们走上治学之路。从海陵到高邮，从苏州到邠州（今陕西彬县），范仲淹每到一处，总是首先兴学聘师，关心教育。后来做宰相时，更下令所有的州县一律办学。而经他指教和影响过的很多人，往往都各有所成。

◎文苑拾萃

苏幕遮

（北宋）范仲淹

碧云天，黄叶地。
秋色连波，波上寒烟翠。
山映斜阳天接水，芳草无情，更在斜阳外。
黯乡魂，追旅思。
夜夜除非，好梦留人睡。
明月楼高休独倚，酒入愁肠，化作相思泪。

林腾蛟弹劾朱典模

◎节义傲青云，文章高《白雪》。——洪应明

林腾蛟自幼品学兼优，于明朝嘉靖二十二年（1543）被选入太学读书。

嘉靖二十六年，林腾蛟考中进士，出任广东新会县知县。

林腾蛟为人一身正气，疾恶如仇。在知县任上，他革除苛政，除暴安民，使新会地方社会秩序趋于安定，百姓得以安居乐业，路不拾遗，夜不闭户，因而深受官民爱戴。

后来，林腾蛟因母亲病逝回乡守孝时，新会百姓数千人送行一百多里，依依不舍，洒泪而别。

明嘉靖二十四年（1545），林腾蛟守孝期满，出任安徽省休宁县知县。

休宁县原来没有城墙，土匪时常入城劫掠。林腾蛟到任后，立即领导官民修建城墙。

经林腾蛟多方筹措，只用了五个月时间便修起了一道铜墙铁壁，有效地防御了土匪的进犯。

在休宁县任满后，由于政绩突出，林腾蛟被提升为山东道监察御史。

当时，朝廷财力匮乏，命林腾蛟负责催征南直隶、江西、湖广三省欠朝廷的200万两赋税银子。

林腾蛟巡行三省长达一年之久，催征上缴了130万两银子，还差70万两。

林腾蛟回京后，如实奏明说："其余所欠赋税银子，并非百姓不肯交纳，而是确实无力交纳。有些地方水灾、旱灾、虫害肆虐，有些地方又受倭寇烧杀淫掠，如已焚之林，已竭之泽，农民收获甚微，若再催逼，必伤民心。"

朝廷同意林腾蛟的请求，准予免征。

林腾蛟身为言官，始终忠实地履行自己的职责。当他查出江都知县李一科向吏部官员行贿万两黄金谋求升迁的证据时，立即上奏章弹劾吏部贪赃枉法，卖官鬻爵。结果，吏部数名涉案官员被罢免。因此，有人赞扬说："林御史上奏一疏，数十年正气复振。"林腾蛟因此得罪了吏部尚书吴鹏等一些权贵。嘉靖二十八年（1549），朝廷命林腾蛟出巡贵州，可是吏部又提升他为河南按察佥事，表面上是提升重用他，实际上是设下陷阱，让他到河南去吃苦头。因为河南是朱元璋的第七代孙子伊王朱典模的封地。朱典模一向无法无天，飞扬跋扈，欺压百姓，曾强夺民妻400余人，还效法皇帝选秀，一次就强征12岁以上的民女700多人，从中留下俊美的姑娘90多人，其余的勒令家属花钱赎回。

朱典模为了扩建王宫，公然强占民房，迫使许多人流离失所，无家可归。有人向朱典模进谏，竟被他投入虎笼而死。

朱典模的罪恶罄竹难书，百姓怨声载道，但地方官有的因为收了朱典模的贿赂，有的慑于朱典模的权势，都任凭朱典模胡作非为，不予过问。

林腾蛟巡视河南后，查实了朱典模的罪行，立即上奏弹劾朱典模。

嘉靖皇帝派给事中前往河南核查，召集地方官吏与朱典模对质。地方官惧怕朱典模，不敢据实明言，只有林腾蛟慷慨陈词，逐一列举朱典模的罪状。

朱典模恼羞成怒，恶毒攻击林腾蛟。林腾蛟怒火攻心，突发急病，昏倒在地。临死前，林腾蛟交代儿子说："必须待伊王定罪之后，再把我的灵柩运回故里。"不久，林腾蛟含恨去世，年仅44岁。

林腾蛟逝世的消息传出后，河南洛阳、汝州等地百姓痛哭失声。

兵部尚书王邦瑞上奏朝廷说："林腾蛟有振天揭地之气，施拯溺救焚之策，真大丈夫也。"

嘉靖皇帝派南道御史林润到河南复查，查实了朱典模的罪行，如实上奏朝廷，要求严惩朱典模。嘉靖皇帝勃然大怒，将朱典模削除王爵，禁锢于高墙之中。

朱典模受到惩罚后，林腾蛟的儿子才将父亲的灵柩运回故乡安葬。

河南百姓感激林腾蛟的恩德，纷纷建立祠堂纪念他。

◎故事感悟

林腾蛟虽然在历史上没有留下什么功绩，但他体国爱民、不畏权势、正直不阿的品质备受后人称赞，他拼死也要坚持正义，体现出了一代直臣的浩然正气，也不愧为振天揭地的大丈夫！

◎史海撷英

争贡之役

明嘉靖二年(1523)六月，日本左京兆大夫内艺兴遣倍宗设抵宁波；未几，右京兆大夫高贡遣僧瑞佐偕宁波人宋素卿亦至。由于宋素卿贿赂宁波市舶太监赖恩，宴会时得以坐在宗设上座，其货船虽然后至，但先于宗设货船受检。宗设怒杀瑞佐，焚其船只，追宋素卿至绍兴城下，沿途劫掠而去，明备倭都指挥刘锦、千户张镗战死，浙中大震，史称“争贡之役”。事后，给事中夏言奏倭祸起于市舶，乃裁闽、浙两市舶司，唯存广东一处。

◎文苑拾萃

《西麓堂琴统》

《西麓堂琴统》为中国琴谱，共25卷，明嘉靖间(1522—1566)琴家汪芝辑。

汪芝，字时瑞，号云岚山人，安徽歙县人。自幼爱好音乐，尤擅弹琴与音律之学，立志搜集、整理古谱。他博采诸家，搜奇汇精，历时30年，终于编成此书。

该书前5卷为论琴文字，主要取自南宋涂理《琴统》与宋以来所传《太古遗音》两书；后20卷为琴谱，共收170曲。其中除注明抄自宋本者外，大部分是极为罕见的远年遗响，如《广陵散》两本、《神人畅》、《间弦明君》、《风云游》与宋人所作《宋玉悲秋》等。这些古曲对于研究汉魏六朝以来琴曲创作的艺术成就，及作为鉴定琴曲创作时代的依据，均有相当重要的参考价值。

文征明文笔遍天下

◎大丈夫处世，当扫除天下，安事一室乎？——陈蕃语

文征明（1470—1559），原名壁，字征明。42岁起以字行，更字征仲。因先世衡山人，故号衡山居士，世称“文衡山”，明代画家、书法家、文学家。汉族。长州（今江苏苏州）人。生于明宣宗成化六年，卒于明世宗嘉靖三十八年，年90岁，曾官翰林待诏。诗宗白居易、苏轼，文受业于吴宽，学书于李应祯，学画于沈周。在诗文上，与祝允明、唐寅、徐祯卿并称“吴中四才子”。在画史上与沈周、唐寅、仇英合称“吴门四家”。

文征明的父亲文林曾任温州知府。文征明自幼好学，曾学文于吴宽，学书于李应祯，学画于沈周。这三位都是他父亲的至交。

文征明又与祝允明、唐寅、徐祯卿三人切磋学问，名声越来越大。

父亲文林去世后，官民筹集千金送给文征明作葬金。这年文征明16岁，他把千金都退回去了。于是，官民修了一座却金亭，以之纪念。

文征明为人刚正不阿，不喜金钱。一天，巡抚俞谏见文征明穿着一套破旧的衣服，不由得心生怜悯之情，便想赠金银给他，于是指着他穿的蓝衫说：“都破旧成这个样子了！”文征明佯装不懂，说：“这是雨淋的。”俞谏见他这样说，便不敢提赠金之事了。

宁王朱宸濠发动叛乱之前，因仰慕文征明大名，曾派人带着一封信和重礼去聘请他。他推辞说有病，不肯赴王府。

文征明为了济世救民，也想像父亲那样出来做官。但他在考取功名时一

直不顺利。一直考到嘉靖元年（1522），文征明都53岁了，还未考中秀才。

54岁那年，文征明受工部尚书李充嗣的推荐，经过吏部考核，作了翰林院待诏。这时，文征明的书画已负盛名，向他求书求画的人很多，因而受到翰林院同僚的嫉妒和排挤。这使文征明心中总是郁郁寡欢，进京第二年就上书申请辞职了。三年间，他一共三次请辞，最后终于获准了。57岁时，文征明出京，乘舟南下，像小鸟飞出笼子一样，到苏州定居了。

当初，文林担任温州知府时，曾慧眼识才，提拔张璁于秀才之中。张璁得势后，曾委婉地奉劝文征明依附他，文征明谢绝了。

文林的挚友杨一清入朝辅政后，文征明是最后向他祝贺的。杨一清着急地问他说："你不知道令尊是我的挚友吗？"文征明正色道："先君虽然去世三十余年了，但他向我提过的每一个字我都不敢忘掉，我实在不知道相公与先君是挚友啊。"杨一清一听这话，面有惭色。

接着，杨一清与张璁商量，想给文征明升官。而文征明请辞更加强烈，终于获得批准。回苏州后，文征明致力于诗文书画，不再追求仕进，整日以翰墨自慰。晚年声誉卓著，号称文笔遍天下。

文征明是吴门画派创始人之一，是明代中期最著名的画家和大书法家。他与唐伯虎、祝枝山、徐祯卿并称江南四大才子，也称吴门四才子。他与沈周、唐伯虎、仇英合称明四家。他的名气极大，向他购求书画的人几乎踏破了他家的门槛。但文征明也是一位刚正不阿、不慕富贵的人，他厌恶铜臭味，虽然文笔遍天下，却不与富贵人来往。富贵人想得到他的一片纸都是难的，他尤其不肯给王府及太监作书画。他常说："这是应该禁止的。"

周、徽诸王为了得到他的书画，曾派人赠给他名贵的宝玩。文征明不肯启封，派人退了回去。外国使者路过苏州时，只能向他的住处遥拜，因不能登门亲睹风采而深感遗憾。

文征明的名气太大了，因而署他名字的赝品很多。对此，心胸博大的文征明从不过问。

嘉靖三十八年，文征明去世，享年90岁。

◎故事感悟

文征明不阿谀奉承，为官清廉自守、刚正不阿，辞官归故里后专于书画，作品更不给富贵人，充分说明了文征明是一个贫贱不移、威武不屈、洁身自好的君子。文征明的崇高品质值得我们赞扬和学习。

◎史海撷英

文征明的书画风格

文征明的绘画兼善山水、兰竹、人物、花卉诸科，尤精山水。早年师事沈周，后致力于赵孟頫、王蒙、吴镇三家，自成一格。画风呈粗、细两种面貌。粗笔源自沈周、吴镇，兼取赵孟頫古木竹石法，笔墨苍劲淋漓，又带干笔皴擦和书法飞白，于粗简中见层次和韵味；细笔取法赵孟頫、王蒙，布景繁密，较少空间纵深，造型规整，时见棱角和变形，用笔细密，稍带生涩，于精熟中见稚拙。设色多青绿重彩，间施浅绛，于鲜丽中见清雅。这路细笔山水属本色画，具装饰性、抒情味、稚拙感、利家气诸特征，也奠定了"吴派"的基本特色。文征明书法初师李应祯，后广泛学习前代名迹，篆、隶、楷、行、草各有造诣。尤擅长行书和小楷，温润秀劲，法度谨严而意态生动。虽无雄浑的气势，却具晋唐书法的风致，也有自己的一定风貌。小楷笔画婉转，节奏缓和，与他的绘画风格谐和，有"明朝第一"之称。

文征明在书法史上以兼善诸体闻名，尤擅长行书和小楷，王世贞在《艺苑言》上评论说："待诏（文征明）以小楷名海内，其所沾沾者隶耳，独篆不轻为人下，然亦自入能品。所书《千文》四体，楷法绝精工，有《黄庭》、《遗教》笔意，行体苍润，可称玉版《圣教》，隶亦妙得《受禅》三昧，篆书斤斤阳冰门风，而楷有小法，可宝也。"

他的书风较少具有火气，在尽兴的书写中，往往流露出温文的儒雅之气。也许仕途坎坷的遭际消磨了他的英年锐气，而大器晚成却使他的风格日趋稳健。文征明是继沈周之后的吴门画派的领袖，门人、弟子众多，形成当时吴门地区最大的绘画流派。

◎文苑拾萃

暮春斋居即事

（明）文征明

经旬寡人事，踪迹小窗前。
暝色连残雨，春寒宿野烟。
茗杯眠起味，书卷静中缘。
零落梅枝瘦，风吹更可怜。

出污泥而不染

◎圣人不敢以亲戚之恩而废刑罚，不敢以怨仇之忿而废庆赏。——徐干《中论·赏罚》

吴悌（1502—1568），字思诚，号疏山，学者称“疏山先生”。江西金溪琅琚镇疏口村人。明代哲学家、学者。官至南京刑部侍郎。从小聪颖持重，崇尚象山之学，拜陆象山弟子黄卓峰为师，学问日深。

吴悌从小聪颖持重，好学深思，刚正不阿，气节凛然。

嘉靖十一年（1532），吴悌考中进士，初任山东乐安县（今广饶县）县令，后又升任御史。

嘉靖十六年，吴悌被调任，负责管理两淮盐政。这年，山东发生大水灾，通州、泰州被水冲没家园者无数。吴悌自己做主，用漕粮赈济灾民，然后才上书报告朝廷。

后来，吴悌出任河南按察使。伊王朱典模听说吴悌要来了，十分害怕，忙写信说想和他结为挚友。

伊王为人骄横跋扈，无恶不作。对于河南官吏，不如意的便加以构陷，将其驱逐。对于过境的官吏，强迫他们入见，当面加以侮辱。因此，人们都绕道而行，远远地躲避他。河南的官吏即使不与之结纳，因惧其权势，也不敢得罪他。

吴悌鄙视伊王，不愿与他结交，便回信说：“殿下是天子的藩王，不是我吴悌所敢结交的；我是天子的执法大臣，也不是殿下所能结交的。”伊王碰了一鼻子灰，读了回信更加害怕了。

吴悌跟首辅夏言是同乡，但他不利用这层关系与之结交，没有公事，从不前往拜见。有一天，他因公事去见夏言，在场的人见夏言刚穿上一套新官服，都争着上前赞美，只有吴悌默默地站在一旁。夏言问他有什么事，他说："相公正忙，等会儿有时间时，我有件政事想向相公请教。"夏言一听，为之改容，肃然起敬。

严嵩也与吴悌同乡，吴悌不因有这层关系而与之交往。严嵩长期独擅朝政，结党营私，贪污横行，吴悌见他是奸臣，耻于与之同朝为官，便辞官而归，在家乡长达20年。直到严嵩被赶出朝廷，吴悌才又出山，升至南京大理寺卿，后又升任刑部侍郎。

吴悌的家乡人建祠堂时，将他与陆九渊、吴澄、吴与弼、陈九川一并祭祀，称那座祠堂为"五贤祠"。学者称他为"疏山先生"，十分尊敬他。

◎故事感悟

吴悌不阿谀奉承，不倚权贵，刚正不阿，其崇高的品质如荷花般出污泥而不染，是我们广大青少年学习的楷模！

◎史海撷英

吴悌身后

隆庆元年（1567）吴悌迁南京刑部侍郎。次年，在与人讲谈孟子养性章时，痰疾发作，医治无效而卒。万历中，其子吴仁度（字君重，明后期古文家。官至工部左侍郎）请恤。吏部尚书孙丕扬曰："悌，理学名臣，不宜循常格。"遂用黄孔昭例，赠礼部尚书，谥文庄。乡人建祠，与陆九渊、吴澄、吴与弼、陈九川并祀，曰"五贤祠"，学者称"疏山先生"。吴悌为王守仁学，然清修果介（诚实，耿直），反躬自得为多。居家20余年，布袍素食，与四方名士相切磋，所得日深，尤自力躬行，涵养益粹，气节凛然，当官立事皆切国计民生。悌卒后，吏部尚书孙丕杨称悌为"理学名臣"，其师称他为"实践之儒"，罗汝芳哀其学继象山，徐阶则称其"真君子"，崔都玉则说："得罪权贵止于不为官，得罪疎山则不可为人。"

◎文苑拾萃

《普济方》

《普济方》由明太祖第五子周定王主持，教授滕硕、长史刘醇等人执笔汇编而成，刊于1406年，初刻本已散佚。几百年来除少数藏书家藏有一些残卷，如永乐刻本存19卷，明抄本存35卷外，唯《四库全书》收有全文。原作168卷。

本书是我国古代最大的一部方书。全书大致分为12部分，1—5卷为方脉，6—12卷为运气，13—43卷为脏腑，44—86卷为五官，87—250卷为内科杂病，251—267卷为杂治，268—272卷为杂录和符禁，271—315卷为外伤科，316—357卷为妇科，358—408卷为儿科，409—424卷为针灸，425—426卷为本草。编次条理清晰，内容十分丰富。自古经方，本书最为完备。资料除取之历代方书外，还兼收史传、杂说、道藏、佛典中的有关内容。

《普济方》原作168卷，后来改为426卷，分成217类，共788法。全书有图239幅。书中记载了许多疾病的治法，如汤药、按摩、针灸等。《普济方》是一本十分实用的方书。它在所列的每一病证之下，列了一些方子，学者或医生只要依病查方，再在各个方子之间选择一下即可。

不平则鸣马怀素

◎有公心必有公道，有公道必有公制。——傅玄《傅子·通志》

马怀素（生卒年不详），润州丹徒人也。寓居江都，少师事李善。家贫无灯烛，昼采薪苏，夜燃读书，遂博览经史，善属文。举进士，又应制举，登文学优赡科，拜鄠尉，四迁左台监察御史。

魏元忠与张说二人为张易之、张昌宗两个奸臣所陷害，被武则天流放岭南。在魏元忠与张说启程赴岭南时，夏官侍郎崔贞慎、将军独孤祎之、郎中皇甫伯琼等八人在郊外为魏元忠、张说二人送行。不巧，这事被张易之知道了。张易之便以“柴明”之名向武则天打了小报告，说崔贞慎等八人与魏元忠、张说等谋反。武则天接到密报，立刻命马怀素审问此案。武则天对马怀素说：“此案基本属实，简单勘问一下，可速结此案。”马怀素尽管一言不发，但却有着自己的打算。

在马怀素审案时，中使又屡次催促说：“此八人反状已明，何必还要费这么长时间磨嘴皮子？像这样，要等到几时才能审完？莫非马大人有意偏袒不成？”

中使的话，显然是代表了武则天的意志，言外之意，便是不管这八个人有没有谋反之意，案子就该这样结了。

马怀素听了中使的话，一言不发，只是瞟了他一眼。但这一眼瞟得恰到好处，中使就像是被打了镇静剂一样，马上消停了下来。

马怀素审理完案子，向武则天复命。

他向武则天奏道：“请宣柴明对质。”武则天勉强压制着心中的怒火，不耐烦地说：“朕也不知道这柴明在什么地方。你只根据举报断案好了，还要什么柴明不柴明！”

马怀素说：“经臣查明，崔贞慎等人并无谋反之意。”

马怀素的话让武则天大发雷霆，她质问马怀素：“难道你想宽纵反叛之人吗？”

马怀素说：“魏元忠是以国相身份被流放到岭南的，崔贞慎等为朋友送行，即使有可责怪的地方，也不能算是谋反。汉朝时彭越以反叛罪被诛，可栾布却在彭越的尸体旁向皇上启奏，汉朝天子并没有给栾布判什么罪名。何况魏元忠的事又是彭越之事所不能比拟的，陛下怎么能轻易地给送行的人加上反叛的罪名呢？陛下当然有生杀之权，想要加什么罪名任凭皇上的意思好了。现在叫我审问，我只能依法办事。”

武则天摇着头，用责问的口气说：“看来你是不想给崔贞慎等人判罪了？”武则天的口气中虽带着责问，但明显在态度上已经有所缓和，她清楚地明白，这种强加的罪名必然要遭到马怀素的强烈反对，她太了解这个人的性格了。

马怀素答道：“臣见识浅陋，没有看出崔贞慎等八人有什么罪。”

此时的武则天已经过了气头，给自己打圆场说：“你守的是朕的法律，朕错怪你了。”于是赦免了马怀素及崔贞慎等人。

当时朱敬则听说这件事后，在朝廷之上亲执马怀素的手连声赞道：“马大人，可爱，可爱。”

◎故事感悟

马怀素心底无私、持正不阿、不畏强权的高尚品格是多么可贵啊！他挽救的不仅仅是八个人的生命，也是八个家庭的幸福。马怀素的崇高品质令人敬佩！

◎史海撷英

政通人和

任用酷吏让武则天背上了骂名，在武则天的统治稳定之后，武则天开始弃用酷吏。称帝第二年，武则天便用两大酷吏之一的来俊臣杀了另一个酷吏周兴；至万岁通天二年(697)，又杀了来俊臣，结束了酷吏政治。

在用人上，武则天为了夺取政权，维护统治，任用酷吏打击反对派；但是武则天也任用了很多贤臣来治理天下。武则天作为一个政治家在历史上以知人善任著称，武则天一朝号称“君子满朝”，娄师德、狄仁杰等著名的贤臣均在其列，后来的“开元贤相”姚崇和宋璟也是武则天时期提拔起来的。武则天善于用人还体现在她在用人制度上的改革和创新，她改革科举，提高进士科的地位；举行殿试，开创武举、自举、试官等多种制度，让大批出身寒门的子弟有了一展才华的机会。

在经济上，武则天早在“建言十二事”中就提出薄赋敛、息干戈、省力役等主张以保障农时；在其执政的半个世纪中，社会经济快速发展，户口数永徽三年(652)为380万户，到武则天退位的神龙元年(705)增长到615万户。此时均田制开始瓦解，民户逃亡现象开始普遍，武则天对此采取了相对宽容的政策，促进了生产力的发展。不过，民户逃亡也使政府税收受到了损失，增加了社会的不稳定因素。

◎文苑拾萃

九日幸临渭亭登高应制得酒字

马怀素

睿赏叶通三，宸游契重九。
兰将叶布席，菊用香浮酒。
落日下桑榆，秋风歇杨柳。
幸齐东户庆，希荐南山寿。

奉和九月九日登慈恩寺浮图应制

马怀素

季月启重阳，金舆陟宝坊。
御旗横日道，仙塔俨云庄。
帝跸千官从，乾词七曜光。
顾惭文墨职，无以颂时康。

于成龙骑驴赴任

◎水不明则腐，镜不明则锢，人不明则堕于云雾。——冯梦龙

于成龙（1617—1684），字北溟，号于山。清山西永宁（今吕梁离石）人。谥“清端”，赠太子太保。明崇祯十二年（1639）举副员，清顺治十八年（1661）出仕，历任知县、知州、知府、道员、按察使、布政使、巡抚和总督、加兵部尚书、大学士等职。在20余年的官海生涯中，三次被举“卓异”，以卓著的政绩和廉洁刻苦的一生，深得百姓爱戴并受到康熙帝赞誉，以“天下廉吏第一”蜚声朝野。

康熙二十年，一个风和日丽的春天，江宁总督府张灯结彩，格外热闹。大路两旁，文武百官身着华贵的官服，排列起整齐的仪仗，在恭候新任的两江总督。他们从上午一直等到中午，从中午又等到太阳偏西，总督还未来。官员和护卫们又累又饿，心里直犯嘀咕……就在这时，一个小吏来报：“两江总督到。”只见一辆驴车停在衙门旁的侧门边，新任总督已端坐在殿堂上。官吏们不胜恐慌，忙解散了仪仗队，列队来到大堂前朝贺。

原来这个新任的总督就是被康熙皇帝誉为“清官第一”的于成龙。

于成龙原是福建省的布政使，是专管钱财的“财务官”。在当时，这是个富得流油的美差，所有在这个位置上干过的人，家里都积聚了万贯家产，朝廷对此也无可奈何。后来康熙皇帝得知于成龙一向廉俭，拒收贿赂，就让于成龙到福建任职。临行前，于成龙让人买了200斤萝卜放在船上，人们觉得很奇怪，就问他：“萝卜值几个钱，买这么多有什么用？”于成龙笑着说：“路上当菜，不容易腐烂，做起来还方便，不是挺好吗。”一路上他就吃粗米萝卜，与他同行的人也只好跟着吃了。

到了福建，于成龙先在自己的公堂上写了一副对联，上联是：累万盈千，尽是朝廷正赋；倘有侵凌，谁替你披枷戴锁。下联写道：一丝半粒，无非百姓脂膏；不加珍惜，怎晓得男盗女娼。当时的福建，是我国对外贸易的重要港口，外国商人为达到他们在中国贸易上的利益，常常以重金或外国的贵重物品来贿赂中国官员。于成龙上任后，虽然他们对于成龙的廉洁早有耳闻，但是许多商人仍不死心，还是提着礼物来找于成龙。于成龙指着大堂上的条幅对他们说："我于成龙一向克己节俭，身为大清官吏，决不做有损国格、有辱人格的事。"无论谁的馈赠，他都拒绝了。外国商人感慨地说："我等周游列国，从来没见过有如此清官，真是天朝的洪福呀！"

这件事传到了京城。一天，康熙皇帝在京城召见了他，对他说："我博采舆论，人称你廉洁为公，可称得上'天下第一清官'，我视你为我的股肱之臣，到江宁任江南、江西总督。"

已经是60多岁的于成龙不禁百感交集，老泪纵横，激动地对皇帝说："臣做官的宗旨就是要以拯救民生为己任，以廉俭为行为准则，圣上给我这么高的荣誉，我一定不负众望呀！"于是，他把妻子儿女安顿在山西，自己带了一个随从，雇了一辆毛驴车，悄悄地来到了直隶江宁，没惊动任何人，直奔总督府，结果让欢迎的仪仗白等了一天。

文武百官朝贺完毕，于成龙命人从他的行囊中取出一副对联，挂在了大堂上。这条幅，就是他在福建挂的。于成龙指着条幅对众官员说："我听说一些总督借职务之权为自己聚敛财富，安排亲信，我于成龙决心纠正仕风，条幅在上，以此自勉，请各位官员监督。"官吏们你看看我，我看看你，谁也说不出话来，接待这样的总督，还是第一次。

这年秋天，于成龙的大儿子从山西来看他，见父亲吃的仍是粗米淡饭，就忧虑地对父亲说："你为官将近30年，不但我们没沾上你的光，你自己也总和自己过不去，你可是60多岁的人了。"于成龙对儿子的嗔怪并不生气，微笑着说："我这样做，既是为民，也是为你，你能像我这样，那就是我为你积攒的财富，它比什么都贵重啊！"儿子见说服不了父亲，住了两天就要走。临走，儿子问他："父亲，你不给母亲带点什么吗？"于成龙张着两只手说："带什么呢？噢，还有一只腌鸭。"于成龙忽然想起，急忙拿出腌鸭，切了半只让儿子带走。从此，江南传出一首歌谣：于公豆腐量太狭，公子临行割半鸭。

◎故事感悟

人民敬仰的是廉洁清白、持正不阿的官吏，因为只有这样的官吏才能为民做主，为民造福。正直廉洁，不仅是做官的重要条件，也是做人的必备品格。

◎史海撷英

早年的于成龙

于成龙少有大志，自幼过着耕读生活，受到较正规的儒家教育。顺治十八年，已44岁的于成龙不顾亲朋的阻拦，抛妻别子，怀着"此行绝不以温饱为志，誓勿昧无理良心"的抱负，接受清廷委任，到遥远的边荒之地广西罗城为县令。罗城新隶于清统治下不到两年，由于局势未稳，两任知县一死一逃。于成龙到罗城时，这里遍地荒草，城内只有居民六家，茅屋数间，县衙也只是三间破茅房，他只得寄居于关帝庙中。在困境中，同来的五名从仆不久或死或逃，而他以坚强的意志，扶病理事，迈开仕宦生涯的第一步。

罗城百废待举，首要在于安定社会，恢复生产。于是，于成龙采取"治乱世，用重典"的方法，首先在全城乡建立保甲，严惩缉获案犯，大张声势地"严禁盗贼"。境内初安后，他又约会乡民练兵，甘冒"未奉邻而专征，功成也互不赦之条"的后果，抱着为民而死甚于瘴疠而死的决心，准备讨伐经常扰害的"柳城西乡贼"。在强大的声势下，西乡"渠魁府首乞恩讲和，抢掳男女中只尽行退还"。接着又在全县搞联防，从此，"邻盗"再不敢犯境。在消除内忧外患的同时，于成龙十分注意招募流民以恢复生产，他常常深入田间访问农事，奖勤劝惰。农闲时带领百姓修民宅、建学校、筑城墙。对迁入新居的农家，还亲为题写楹联，以示鼓励。在深得民心之后，他又以刚柔并用的斗争策略，解决了"数大姓负势不下”的问题，使这些一向桀骜不驯的地方豪强“皆奉法唯谨”。三年之间，就使罗城摆脱混乱，得到治理，出现了百姓安居乐业的新气象。

于成龙的突出治行受到两广布政使金光祖的重视，罗城被评为全省治理的榜样。康熙三年(1664)春，金光祖升本省巡抚，就地方施政征询于成龙的意见。对此，于成龙曾两次条陈，针对广西地方施政的各方面，系统阐述了自己的看法，主要内容有：一、澄清地方吏治；二、“弭盗”与“慎刑”；三、推行“抚”字催科；四、减轻百姓负担，疏盐行、除灾耗、清杂派；五、改善民族关系等等。这些建议是适应统治者的需要提出的，但很大程度上也符合民众的利益，表现了他的敢于言事和不怕风险的勇气。

◎文苑拾萃

行殿示诸皇子

康熙

师行日已远，边马风萧萧。
眷言靖疆宇，宁惮道路遥。
彼寇邻北藩，谲谋声动摇。
除恶必拔本，稂莠膘良田。
外攘内斯安，务令金甲销。
吾民息转输，丁男无弊调。
一劳方永逸，所戒怠与骄。
天心鉴此诚，雨旸时以调。

ZHONGHUACHUANTONGMEIDEBAIZIJING

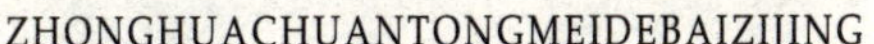
中华传统美德百字经

正 · 持正不阿

第二篇

是非分明 正直不阿

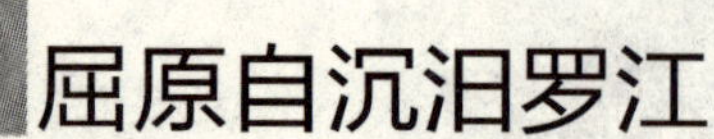

屈原自沉汨罗江

◎激浊扬清，嫉恶好善。——吴兢

屈原（前340—前278），名平，字原。又自说名正则，字灵均。是战国时期楚国人。他是楚国国君的后裔，曾辅佐楚怀王，为三闾大夫。

屈原是楚国贵族，担任了左徒一职。他博学多才，懂得很多知识，又善于和人交流，在朝内能参与国事，在朝外又能和各国搞好关系，楚怀王很信任他。

上官大夫和屈原是同事，很妒忌他的才华。楚怀王让屈原起草新法令，屈原打好了草稿，还没有最后定稿。上官大夫想把稿子据为己有，但屈原不给，上官大夫就对楚怀王说："是大王让屈原制定法令，但大家都不知道。每次颁布新法令，屈原都把它看成是自己的功劳，说没有他就不行。"楚怀王很生气，从此就疏远了屈原。

屈原被楚怀王的糊涂和奸臣们的狡诈气坏了，他非常伤心，写下了流传千古的《离骚》。屈原被罢黜后不久，秦国想讨伐齐国，但齐国和楚国又是姻亲，秦王就让张仪出使楚国，想拆散两国的关系。张仪对楚怀王说："秦国很讨厌齐国，楚国如果能和齐国断交，秦国愿意献上600里土地。"楚怀王一时贪心，就答应了，派人和齐国绝了交，并让人去秦国接收土地。张仪见目的已经达到，就对使者说："我和楚王说的是6里地，不是600里啊。"楚国使者大怒而归，告诉了楚怀王。楚怀王生气了，发兵攻打秦国。可是又不是秦国的对手，不光死伤8万人，连汉中也被秦国抢走了。楚怀王还不服气，征发全国士兵再次对秦国发动进攻，在蓝田展开大战。魏国听说后就派兵攻打楚国，想占点便宜，楚国军队只好回国两线作战。而齐国正在生楚国的气，根本不肯发兵援救，楚国陷入了前所未有的巨大危机之中。

第二年，秦国愿意把强占来的土地归还一部分给楚国，楚怀王说："我不想要土地，只要能得到张仪就行了。"张仪对秦王说："张仪一个人就能代替汉中全部土地，这是好事，我要去楚国。"不久他就来到了楚国，事先他送给奸臣靳尚很多礼物，并威逼利诱楚怀王的宠妃郑袖，让他们为自己求情。楚怀王受了他们蒙蔽，就把张仪放走了。这个时候屈原正在齐国出使，回来后问楚王为何不杀张仪，楚怀王才后悔了，不过张仪早就逃走了。

不久秦王请楚怀王去秦国聚会，楚怀王打算去，屈原劝谏道："秦国是虎狼之国，从来不讲信义，所以请不要去。"公子子兰却说："不要拒绝秦国的好意。"楚怀王就去了。结果被秦国扣留了下来，最后死在秦国。太子即位，就是楚顷襄王，公子子兰为令尹。楚国人都责怪公子子兰让楚怀王去秦国，导致他死在外面。

屈原对国家的衰败感到万分痛心，即使被流放，他的心也始终停留在楚国身上。他是多么希望国王能够醒悟过来，带领楚国人民奋发图强，洗雪国耻啊！他写了很多爱国诗篇抒发自己的感情，但终究得不到统治者的肯定，不能引起他们的重视。他觉得，历代君王不管是否贤明，都希望能够得到忠诚而能干的大臣的辅佐。但不是每个人都能分清楚谁忠谁不忠，楚怀王就是不知道如何分辨，所以被郑袖等人欺骗，最后竟然客死异乡。当君王的如果不能明辨是非的话，灾祸可就大了。

公子子兰听到这种言论后大怒，于是让上官大夫在楚顷襄王面前说屈原坏话，最后把他流放了。

屈原已经对这个国家完全失望了，他到了汨罗江边，披着头发边走边吟诗，抒发心里的郁闷和悲愤。一个渔夫看见他这样，就问他："你不是三闾大夫吗？怎么到这里来了？"屈原说："全世界的人都混浊了，而我还是清澈的，所有人都喝醉了，只有我还保持清醒，所以我就被流放到这里了。"渔夫说：

"所谓圣人，就是能够不拘泥于事物而随着世道的变化而变化的人。既然全世界都污浊了，那为什么不能随着它变化呢？大家都喝醉了，为何不跟着他们一起喝酒吃肉呢？为什么非要坚守自己的操守搞到最后被流放呢？"屈原说："我听说刚洗了头的人在戴帽子的时候一定会先把上面的灰尘弄干净，而刚洗了澡的人在穿衣服的时候也会把衣服抖几下，谁又能让自己洁净的身体去接触那些脏东西呢？我宁可投身到这滔滔江水中葬身鱼腹，也不愿意让我的高洁品行受世俗的玷污。"

不久楚国被秦所灭，屈原写了一篇《怀沙》，然后抱着一块大石头跳进汨罗江自杀身亡。

◎故事感悟

屈原是一位伟大的爱国诗人，他热爱祖国，同情人民以及他圣洁的品行，纯真的情操，这些都值得我们学习。我们要学习他不畏奸佞，刚直不阿的品行，做一个有理想有骨气的人。

◎史海撷英

端午节的由来

汨罗江两岸的百姓知道了屈原投江的消息后，纷纷赶来，划着小船搭救屈原，可是，只见奔流不息的江水，不见屈原的踪影。人们非常难过，把竹筒里的米倒在江中，祭祀这位伟大的爱国诗人。以后每逢五月初五，人们都划着小船，把包好的粽子撒在江中，纪念屈原，这逐渐成为一种风俗，五月初五称为端午节或端阳节。

屈原，是一位伟大的爱国诗人，如今人们还深深地怀念着他，这是因为：一方面屈原把辞赋文学灿烂地发展起来，使后人从中得到深深的教益，另一方面屈原热爱祖国，同情人民，他那天才的创造力，高尚的政治理想，圣洁的品行，纯真的情操，使后人从中看到做人的楷模。人们多么希望世上能多一些像屈原这样热爱祖国和人民，不畏奸佞、刚直不阿的人啊！

◎文苑拾萃

《离骚》节选

帝高阳之苗裔兮，朕皇考曰伯庸。
摄提贞于孟陬兮，惟庚寅吾以降。
皇览揆余初度兮，肇锡余以嘉名。
名余曰正则兮，字余曰灵均。
纷吾既有此内美兮，又重之以修能。
扈江离与辟芷兮，纫秋兰以为佩。
汨余若将不及兮，恐年岁之不吾与。
朝搴阰之木兰兮，夕揽洲之宿莽。
日月忽其不淹兮，春与秋其代序。
惟草木之零落兮，恐美人之迟暮。
不抚壮而弃秽兮，何不改乎此度？
乘骐骥以驰骋兮，来吾道夫先路！
昔三后之纯粹兮，固众芳之所在。
杂申椒与菌桂兮，岂维纫夫蕙茝！
彼尧、舜之耿介兮，既遵道而得路。
何桀纣之昌披兮，夫唯捷径以窘步。
惟党人之偷乐兮，路幽昧以险隘。
岂余身之惮殃兮，恐皇舆之败绩！
忽奔走以先后兮，及前王之踵武。

言不苟合，行不苟容

◎志士仁人，无求生以害仁，有杀身以成仁。——《论语·卫灵公》

刘毅（?—285），字仲雄，东莱掖（今山东掖县）人，汉景阳王刘章的后裔。生逢汉末的刘毅颇具一些名士习气，有“好臧否人物”之称。“臧否人物”，一要得当，不能失之谬误，否则就会激起被臧否对象的反唇相讥；二要自身清正，深孚众望，才能服众。

魏末晋初，正是中国封建社会士族门阀政治鼎盛时期。在贵族士大夫沉醉于平流进取、坐致王公的快意时，却有一位独具慧眼者攘袖奋击，直斥这种“上品无寒门，下品无势族”的政治。这十个字堪称对门阀政治的不刊之论，不仅一针见血，而且直截痛快，屡为世人引用。这位有如此慧眼的人就是晋初名士刘毅。

刘毅“幼有孝行，少厉清节”，再加之他对臧否对象的洞彻认识，所以他的品评使“王公贵人望风惮之”。

汉末名士虽然弛张趣舍，但多刻意追求声名，形成一种矜高浮诞的世风，其中多数是能言善辩却缺少笃实行动的口头派，甚至还有不少自食其言的。刘毅虽也是一个游行名士圈之人，但却名实兼备，怀抱着积极的济世之志而品评人物，他一步入社会，就显得与众不同。

当他侨居平阳郡（山西临汾西南）时，太守杜恕辟请他出任郡功曹。这个职位不仅掌一郡人事任免大权，而且参与政务。刘毅“为郡股肱，正色立朝，举纲引墨，朱紫有分，郑卫不杂”，淘汰了不合格的郡吏达百余人，三魏人对此都惊赞不已，为此还衍生了一句俚语“但闻刘功曹，不闻杜使君”呢！

魏末，刘毅被郡举为孝廉，辟司隶都官从事。任职期间，他秉公执法，不避权贵，“京邑肃然”。由于曹魏集团已分崩离析，王气索然，群臣多“飞鸟各投林”、“树倒猢狲散”，随波逐流，无意于黎民社稷。刘毅处此颓势，竭尽忠职，卓尔不群。他的行为虽然在当时显得有些迂腐、执拗，却是难能可贵的。特别令人瞩目的是，刘毅作为下级属吏竟打算弹劾他的上级河南尹，堪称勇气非凡！他的顶头上司司隶校尉不许，并说：“攫兽之尤，鼷鼠蹈其背”，以捕兽的犬与小老鼠作比喻，暗指刘毅如果弹劾河南尹，将有不测之祸患，提醒他意想不到的突然袭击是难以提防的。但是刘毅却很不以为然，爽快地说：“既能攫兽，又能杀鼠，何损于犬！”刘毅认为，只要在攫兽过程中，时刻提防着第三者的作祟并且有所准备，就会立于不败之地。从刘毅如此洋溢着果敢、机敏气息的回答来看，他不仅有血勇之气，更有过人的头脑。刘毅的“攫兽”情况，《晋书》语焉不详，但刘毅的弹劾终因司隶校尉从中作梗而未获准。刘毅愤然甩掉任官证件，辞职离去。刘毅迥乎寻常的建树，博得了朝中有识之士的赞扬，同郡王基在荐举刘毅到公府任官的疏表中称他是“方正亮直，介然不群，言不苟合，行不苟容”。

咸熙二年（265），司马炎逼迫魏元帝将帝位禅让给自己，登基做了皇帝，即晋武帝。刘毅迫于政治环境，不得不与司马氏合作，出任尚书郎、驸马都尉，迁散骑常侍、国子祭酒。但刘毅易其服而不易其道，易其朝而不易其性，一如既往，岿然屹立在险恶多谲的政治环境之中。

咸宁（275—280）年间，任司隶校尉的刘毅如鱼得水，“纠正豪右，京师肃然”。南郡太守刘肇以筒中细布五十匹及其他物品贿赂侍中王戎，王戎“厚报其书”，此事被刘毅纠举弹劾，要求将王戎“槛车征付廷尉治罪，除名终身”。王戎出身于琅琊大族，原是“竹林七贤”之一，为西晋名士，投靠司马氏后官运亨通，本人又圆滑世故，“与时舒卷，无蹇谔之节”，极受晋武帝的宠信。刘毅弹劾这样一位家世背景深厚，又是位居显赫的大人物，确实胆量不小。在晋武帝的庇护下，王戎竟以“知而未纳”为由，逃脱了法律的惩罚。实际上，这只是遮人耳目的谎言，晋武帝在朝廷曾公然说：“戎之为行，岂怀私苟得，正当不欲为异耳！”武帝的本意是为王戎开脱，但以“同流合污”为借口软弱无力，反而成为王戎受贿真相的不打自招。恐怕这一点是晋武帝所始料不及的吧！尽管刘毅的弹劾因晋武帝的作梗未使王戎受到惩处，尽管晋武帝多方为王戎解脱，但王戎“为清慎者所鄙，由是损名”。从某种程度上说，刘毅的奋然弹劾还是有一定效果的！同时，刘毅的举动也震慑了洛阳权贵，使得他们不得不屏息收敛，出现“京师肃然”的清正局面。刘毅的强正也带动了全国，“司部守令望风投印绶者甚众，时人以毅方之诸葛丰、盖宽饶”。

时论对于刘毅的肯定，更加坚定了他的信心，以至于“皇太子朝，鼓吹将入东掖门，毅以为不敬，止之于门外，奏劾保傅以下”。后来晋武帝出来打圆场，下诏赦保傅无罪，刘毅方允许皇太子一行入朝。刘毅在任司隶校尉期间，“直法不挠，当朝之臣，多所按劾”。为了维护法律的尊严，他无所畏惧，也正因为如此，“刘毅为司隶，声震内外，远近清肃”，赢得了极高的声誉。

太康元年（280年），晋平吴，结束了自东汉末季以来近百年的分裂局面，晋武帝为之陶醉不已。一次，在南郊祭祀礼毕，武帝想从刘毅口中掏出点贺词，就喟然慨叹地问道：“卿以朕方汉何帝也？”岂料想，刘毅竟冷冰冰地答道：“可方桓、灵！”刘毅竟然将晋武帝比做败坏汉朝百年基业的桓帝、灵帝，真是大煞风景，满朝文武闻听此语，“莫不变色”。晋武帝非常尴尬，悻悻地辩解道：“吾德虽不及古人，犹克己为政。又平吴会，混一天下。方之桓、灵，其已甚乎！”刘毅则进一步反击道：“桓、灵卖官，钱入官府。陛下卖官，钱入私门。以此言之，殆不如也。”此言一出，举朝皆惊。晋武帝不愧为一代开国君主，虽然觉得脸上挂不住，但片刻之后，从容不迫地说：“桓、灵之世，不闻此言。今有直臣，故不同也”，显示了一个老于世故的政治家的练达与权变。

在刘毅任职司隶校尉的六年中，“夙夜在公，坐而待旦，言议切直，无所曲挠，为朝野之所式瞻”。但是他的冷峭孤直得罪了许多人，所以虽然声动朝野，刘毅仍未能位登三公，以70岁高龄告老还乡，但刚正之风老而弥坚。“铨正人流，清浊区别，其所弹贬，自亲贵始”。太康六年（285），刘毅在家乡去世。听到他的死讯，晋武帝不禁抚案慨叹，“失吾名臣，不得生作三公！”

◎故事感悟

“帝拟桓、灵”，足见刘毅的超人胆略；“身比诸葛丰、盖宽饶”，足见刘毅无所畏惧的执法风采。刘毅以他始终如一的言行，向世人显示了“言不苟合，行不苟容”的风貌。大浪淘沙，沙去金留，历史就是这样一条公正的长河，而刘毅正是这历史长河大浪中滤去砂粒的纯净金子！

◎史海撷英

散骑常侍

汉有散骑，为皇帝侍从，又有中常侍，性质同。东汉省散骑，改以宦官任中常侍。魏文帝并散骑与中常侍为一官，如称散骑常侍，以士人任职。入则规谏过失，备皇帝顾问，出则骑马散从，资深者称祭酒散骑常侍。魏末增加员额，新增者为员外散骑常侍。晋武帝令员外散骑常侍二人，与散骑常侍共同轮流值班，称通直散骑常侍。魏、晋散骑常侍与侍中共平尚书奏事，多是显职，散骑常侍本隶门下，南北朝属集书省。梁曾另设散骑省，旋省。隋属门下省。唐太宗曾以散骑常侍为散官，旋省去，去复置为职事官。高宗显庆二年(657)，分为左右，左散骑常侍二人，正三品下，属门下省；右散骑常侍二人属中书省，职掌同为规谏过失，侍从顾问，并无实权，而为尊贵之官，常作为将相大臣的加官。宋不常置。辽属门下省。金、元不设。

散骑常侍在曹魏时职能与东汉的中常侍职能相近，都是高才英儒担任，接替了西汉时期尚书直接接受皇帝诏书执行临时任务的权限，与东汉中常侍负责诏狱相仿，像东汉中常侍审理李云、杜众谏阻案件一样，在魏明帝时期，曹睿把谏阻的张茂也下散骑审理，张茂在审理中遇害，造成巨大影响。

柳彧当朝正色匡风俗

◎览镜徘徊，老我成翁双鬓白；挥戈慷慨，平生许国寸心丹。——黄钏

柳彧（生卒年不详），字幼文。隋河东解（今山西运城）人。其七世祖柳卓随晋室南迁，寓居襄阳。父柳仲礼先为梁将，后败归北周，北周灭北齐以后，举家复归本土。

柳彧隋朝时任治书侍御史，“当朝正色，甚为百僚之所敬惮”。隋文帝也很欣赏他的倔强质朴，勉励他说：“大丈夫当立名于世，无容容而已”，并赐钱十万，米百石。

隋朝丧乱之后，风俗颓坏，柳彧竭尽全力匡正。应州（今山西应县）刺史唐君明为母服丧期间，迎娶雍州长史库狄士文的从父妹为妻。这种违犯封建礼教的行为，虽纯属道德规范的范畴，但在礼律并重、相互融为一体的《隋律》中，是属于“十恶”重罪中的“不孝”。柳彧认为“丧纪之重”为“人伦之先”，而且“孝惟行本，礼实身基，自国刑家，率由斯道”。因此，他上弹章措词严厉地劾奏唐君明、库狄士文，请求将他们“禁锢终身，以惩风俗”。另外，京都大邑百姓，每逢正月十五都玩角抵之戏。柳彧认为闹元宵、戏角抵有伤风化，而且“昔者明王治国，率履法度，动由礼典”。因此他奏请皇帝诏令全国，禁止这些习俗，并提出对那些胆敢再犯者，按照故意违抗敕令论罪。他的这些建议都得到了文帝的支持。

柳彧就是这样采用“以刑辅德”的手段来匡护法纪、砥砺风俗的。在执

行过程中，哪怕是违忤了皇帝的意旨，柳彧也坚持己意，绝不回头。文帝固然欣赏他的这种刚直，有时也忍受不了，有一次就因他执意违拗圣意而罢免了他的官。只不过没过多久，文帝就又命他官复原职，认为他“正直之士，国之宝也”，因此文帝还常鼓励柳彧说：“无改尔心！”

尚书右仆射杨素曾灭陈平叛，功高爵显，是权倾天下的当朝显贵。杨素残忍无情、傲慢自负，是一个能伺机取胜和工于心计的机会主义者。因此，朝中“百僚习惮，无敢忤者”。有一次，他犯了些小过错惹恼了文帝，被敕令送御史台推审。但他根本未将此事放在心上，大摇大摆地到御史台径自坐到御史台长官柳彧的坐榻上，神色十分倨傲。柳彧自外走进时，看见这种情形，心中早知他的用意所在。但他既没顺承阿谀，更没有被杨素显赫的声名和地位吓倒，而是整理衣冠，端端正正地举着朝笏，沉声说道：“奉敕治公之罪！”杨素见此情形，急忙知趣地起身侍立，柳彧据案而坐后，决意要杀一杀他的嚣张气焰，不仅没有让他坐下，而且令他像寻常待罪之囚一样站到庭院中听候审讯、辩问事状。如此举动，虽只是有关礼节上的小事，但却无形中树立了宪司不可轻侮的形象，维护了法律的威严。但杨素却怀恨在心，随时都想报复，只是文帝正信任柳彧，一时无从下手。

开皇十七年（597），柳彧持节巡察河北五十二州，上奏黜免了200多位贪赃枉法不称职的官员，“州县肃然，莫不震惧”，文帝为此嘉奖他。到了炀帝时，柳彧终究被杨素中伤，被远徙敦煌，直到杨素死后方奉诏回京，死在路途跋涉之中。

◎故事感悟

作为一位刚直不阿的执法大臣，柳彧善于从大处着眼，从小处入手，审案公正廉明，使权倾一时的杨素也为之震动，在无形中树立了宪司不可轻侮的形象，维护了法律的尊严。这种正气不正是我们应该学习的吗！

◎史海撷英

一对圣人

独孤皇后因为自己早年失去了父母，所以经常怀念自己的亲人，羡慕那种家庭情谊，她常常让父母健在的大臣代自己向他们的父母行礼问候。皇后经常对公主们说："北周的公主大多都没有妇德，对她们的公公婆婆不以礼相待，还在宗室之间挑拨离间，这种不孝顺的行为，你们应当引以为戒。"大都督崔长仁是皇后的表亲，他做了犯法的事，按照法律应该判死刑。隋文帝因为他是皇后的亲戚，想免除他的死罪。独孤皇后说："这是关系到国家的事，怎么可以顾念私情呢？"崔长仁最后还是被依法处死了。皇后有个同父异母的兄弟名叫独孤陀，他对皇后心怀不满，用巫术诅咒皇后，事情败露后被捕，应当处死。独孤皇后很伤心，对隋文帝说："独孤陀如果是做了有损国家危害百姓的事，我是不敢替他求情的。但是现在他犯的罪是因为我的缘故，所以我才向您乞求免他一死。"隋文帝看到皇后替他求情，就将他的罪减轻，判处了比死罪轻一等的刑罚。皇后每次和隋文帝谈论政务的时候，她的想法和主张往往和隋文帝不谋而合，宫里的人都称赞他们是一对圣人。

◎文苑拾萃

皇极历

600年，皇太子杨广征召邀请全国的历算专家，集中在东宫，共同商议历法的事情。刘焯也在皇太子这次征召邀请的人员之内，这回他献上了经过几十年研究的皇极历，并且驳正了张胄玄历法的错误。

刘焯在皇极历中给出了一批十分精确的天文数据，他所取的近点月长度值为27.1255日，精度远远地超过前人。对于月亮每天的平均行度，他取13.36879度，与这个数字相应的恒星月长度则是27.321675日，误差为1.3秒，比前代各个历法（误差多为5秒左右）的精度也高得多。

刘焯还最早提出了黄道岁差的概念和具体数值，这一概念是从他的先辈所发明的赤道岁差概念引申出来的。在计算太阳行度时，计入黄道岁差的影响，比用赤道岁差计算要科学和合理得多，这个原因可能也是刘焯阐明和采用黄道岁差概念的出发点。

关于天文表格的编制，皇极历也有所改良或创新。譬如对于月亮运动不均匀改正数值表（月离表）的定量分析表明：他的月亮过近日地点时间的误差为0.47日，达到了历史上比较高的精度；他的月亮每日实行度的测算误差为9.4′，精度高于前代各个历法（误差在10.5′至27.1′不等），以后也只有唐末崇玄历的精度（误差为7.0′）超过了它。可见皇极历的月离表是历代最优秀的历表之一。

窦光鼐舍命查贪案

◎欲知自下升高处，真伪先须辨古今。——陆九渊

窦光鼐（?—1795），字元调。山东诸城人。乾隆七年（1742）进士，改庶吉士。至乾隆二十年（1755）被提拔为左副都御史，督浙江学政。但官运不好，七年后乾隆帝以其“识见迂拙，不克胜副都御史之任”，将他调离此任。至乾隆四十七年（1782）复督浙江学政。

清代乾隆年间，在宦海浮沉的众生相中，有一位特立独行的学政大人窦光鼐。他学识渊博，连乾隆也承认其“科分较深，学问亦佳”，但他一生宦途多舛，官运一直不大好，多次被乾隆下谕训饬为“性情偏执，遇事辄挟私见”，“人本迂拙、不晓事体”，甚至认为他“竟系病疯，是以举动颠狂如此”，屡次被议罪夺职。透出这些极尽讥讽能事的形容词，我们体味出的并不是迂拙无能，而是一位不愿同流合污、不向恶势力低头的刚直之臣的鲜明个性。

乾隆四十七年（1782），查办闽浙总督陈辉祖抽换侵吞原巡抚王亶望被查抄没收金子的案件时，乾隆下旨清查各府州县仓库钱粮数，当年就查出亏空130万两。虽然经乾隆多方敦促，但在通省大小官员的有意延宕抗违下，限期内难以全数补齐。乾隆五十一年二月，浙江巡抚福嵩报告四年来已弥补96万两，尚余33万两旧欠，请求延缓期限上交。乾隆十分生气，下谕严加斥责，并宣布委派尚书曹文植、侍郎姜晟、巡抚伊龄阿前往浙省，彻底清查。随即福嵩及布政使盛住被革职。曹文植等三位钦差都是乾隆时著名的审案能臣，但在浙省长达两个月之久，不仅没贯彻乾隆的御旨，反而有就此了事之心，

准备将浙省亏空案草草了结，但平地起风雷，“不识进退”的浙省学政窦光鼐竟使此案急转而下。窦光鼐参奏了浙江各省官员贪婪亏空，而且其数额远远超过三位钦差奏明皇帝的33万两。巡抚、布政使尚且因未能按期补完33万两旧欠而被革职，窦光鼐还说亏空不止此数，这置福嵩、盛住置于何处？将州府县官置于何处？如系属实，必将难脱革职、抄家，甚至诛戮发配的命运，势必遭到他们拚死反噬！更何况三位钦差已奏明浙省亏空只有33万两，窦光鼐此举使他们相当难堪，这不只是脸面的问题，更将犯有辜负重任、徇情失职之罪而遭严惩。因此，他们也十分恼恨窦光鼐的多此一举。这可能就是他们一致讥讽的窦光鼐的“迂拙”吧！

但接到窦光鼐奏折的乾隆却没想到这些，他下诏褒奖了浙江学政窦光鼐的据实参奏，训诫钦差大臣曹文植不要回护瞻徇、将就了事，责令他们彻底清查。乾隆五十一年（1786）五月初，乾隆收到了曹文植与窦光鼐分别奏报亏空之事的奏折。曹文植坚持己见，硬说没有亏空，所欠之数比福嵩呈报的还少，只欠27.2万两银。而窦光鼐奏折中弹劾浙省永嘉知县席世维借生监谷输仓备查；平阳知县黄梅借亏空数目科敛累民，并且在母丧之日演戏，大伤风化；仙居知县徐延翰殴毙临海县生员马寅，目无法纪；以及布政使盛住上年进京，携赀过丰，颇招物议。看到他的奏折后，乾隆立即指令大学士阿桂急速赶往浙江审理。谁知阿桂审理后，汇报说：“查明永嘉、平阳等县实无挪移勒派之事。平阳县知县黄梅丁忧演戏之事，查系该县为伊母庆九十生辰，于演戏之夜痰壅猝故。”而且指斥窦光鼐的奏折是无中生有、捕风捉影的无稽之谈。

阿桂、曹文植、伊龄阿等都是乾隆御前走红的心腹重臣，乾隆帝在奏折上曾公然批示道：“朕之信窦光鼐，自不如信阿桂等。即令窦光鼐反躬自问，亦必不敢自以为在阿桂等上也。”因此，遭到这些人的联合攻击，窦光鼐陷入四面楚歌的困窘之境。他是学政，追查贪案不属于他的职责范围，而且听信阿桂等诬陷的乾隆多次下谕旨训饬他“以无根之谈，冒昧陈奏，实属荒唐”。窦光鼐似乎应识些时务，或暂避一些风头了。但这位学政，真是“拙迂”得可爱，不仅坚持己见，而且“再疏论梅事，言阿桂遣属吏诣平阳谘访，未得实，躬赴平阳覆察”，亲自赶赴平阳访查。乾隆对此极不理解，在奏折中批示道，“今窦光鼐之固执已见，哓哓不休者，以为尽职乎？以为效忠乎？且窦光鼐身任学政，校士是其专责……平阳去省返往千里，该学政必欲亲往访查，而置分内之事于不办，殊属轻重失当。且其固执辩论意在必伸其说，势必蹈明季科道盈廷争执，各挟私见，而不顾国是之陋习，不可不防其渐。窦光鼐著交部议处，并将此通谕知之。”刑部议以光鼐袒庇劣生、擅离职守，例应革职。尚不明乾隆底蕴的窦光鼐在这场力量对比极为悬殊的搏斗中真是豁出去了。在平阳县调查时，一位名叫吴荣烈的人组织全县几百名秀才，联合写了一道呈文，递交给窦光鼐，用确凿的证据和大量的事实揭发了黄梅罪状。听了大家的控告，窦光鼐义愤填膺，立即拟写了一份奏折，列举了平阳知县黄梅敲诈勒索钱粮的罪行，并指出“该县在任八年所侵吞谷价与勒捐之钱，计赃不下20万。且于颁赏老民钱及廪生廪饩亦未给帖。至其母丧演戏，缘欲缓报丁忧，借演戏以便催粮，家人窃物外逃，事遂泄露，邑人皆知。今将田单、印票、飞头、谷领、收帖、催帖、借票，各拣一纸进呈”。在从平阳返回省城时，窦光鼐对那些证人表示“不欲做官，不要性命”，也要将此案追查到底。

但在窦光鼐的奏折到达之前，那些极力庇护下属的权臣们却抢先一步在乾隆处告了窦光鼐的状。和阿桂沆瀣一气的巡抚伊龄阿也趋炎附势地落井下石，先是上奏折诬蔑窦光鼐“未到平阳之先，差人招告；既到，则招集生童，发怒咆哮，用言恐吓，并勒写亲供，锁拿书役，用刑逼喝”。乾隆看罢奏本，认为窦光鼐举止乖张，应交刑部议罪，部议革职。但伊龄阿觉得处罚得还不够分量，继续诬奏窦光鼐在平阳县城隍庙多备刑具，追究书吏、生监、平民，一概命坐，及由平阳回省，携带多人，哓哓执辨。乾隆帝阅罢奏折，勃然大怒，下谕旨称：“看来窦光鼐竟系病疯，是以举动颠狂如此……如此乖张瞀乱，不但有乖大臣之体，且恐煽惑人心……仅予革职，不足蔽辜，窦光鼐著拿交刑部治罪。”

咆哮发怒的乾隆发出谕旨后不久，事态有了急转而下的变化，原来他接到了窦光鼐在平阳调查后写的奏折。乾隆发热的头脑冷静下来，他毕竟是一代英明之主，从有关天下吏治兴衰的角度，极为重视严惩贪官污吏。因此乾隆并未文过饰非，看到窦光鼐证据确凿的奏折后，认为黄梅确有勒派侵渔之事。窦光鼐呈阅的田单、印票、借票及收帖一半“钤有官印及伊私用图记，断非捏饰”，“确凿可据，岂可以人废言？”并且在谕旨中称：“若朕唯阿桂、曹文植、伊龄阿之言是听，而置此疑案，不明白辩理，不但不足以服窦光鼐之心，且浙省现值乡试，生监云集，众口籍籍，将何以服天下舆论？此事关系重大，不可不彻底根究，以服众惩贪！”并认为伊龄阿等“不免为属员所欺矣”，表示“朕不回护，唯有大公至正而已”。随即乾隆下旨让已经回京的阿桂再赴浙江秉公办案，并加派江苏巡抚闵鄂元协办。阿桂、闵鄂元回奏乾隆帝，窦光鼐所言确有其事，结果阿桂、曹文植、姜晟、伊龄阿皆交付刑部议罪。窦光鼐则连升三级，署光禄寺卿，六年后升任左都御史。

曾经轰动京师及浙省的牵涉千万的贪赃案的查办并没能保障窦光鼐今后仕途的平坦，“人本迂拙，不识事体”的概念在乾隆头脑中已根深蒂固了。乾隆六十年（1795），窦光鼐被赏赐四品衔，回家赋闲养老去了。

◎故事感悟

窦光鼐宦海浮沉一世，迂拙酸腐的结论也跟了他一生，可以说在封建史书中窦光鼐“迂拙”是盖棺论定了。但站在今天的角度，他的“迂拙”、“不识时务”难道不可爱吗？“公正”二字就寓于窦光鼐的“迂拙”之中。这可以说是窦光鼐执法办案的特色，也是他为人立世的本色！

◎史海撷英

窦光鼐的文学成就

窦光鼐学问精湛，博学多才，精通经史，诗赋尤佳，文词清古，素有“才子”之称，深受乾隆皇帝雅重。每逢盛大典礼，便令其作词赋铭颂；御制诗文，都令他校阅。与纪文达（纪昀）、朱正文（朱圭）、翁方纲等名流在朝主持文运30年，极有造诣，对清代文化的发展影响颇深。其著作有《省吾斋诗稿》、《省吾斋文集》等传世。

◎文苑拾萃

别蛮诗

（清）窦光鼐

馆阁居官久寄就，朝臣承宠出重城。
散心萧寺寻僧叙，闲戏花轩向晓行。
情切辞亲摧寸草，抛撇朋辈譬飘萍。
生逢盛世识书士，蛮貊氓民慕美名。

敬肃官微敢犯权贵

◎大丈夫处其厚，不居其薄；处其实，不居其华。——《老子》

敬肃（生卒年不详），字弘俭。河东蒲坂（今山西永济县西蒲州）人。“少以贞介知名”，历仕隋文帝、炀帝两朝，虽然官位不达，屈于下僚，但历任“俱有异绩”，以政绩卓著饮誉天下。

隋炀帝大业五年（609），天下朝集使云聚东都洛阳，年逾七旬的敬肃也以颍川（今河南许昌市）郡丞的身份参加了这次盛会。好大喜功的炀帝在得意之余，指令极善品评人物、才华横溢的司隶大夫薛道衡写一篇状文，概括参加朝贺的所有官员各具特色，道衡为敬肃立的状文是“心如铁石，老而弥笃”。笔墨虽少，却一下子就抓住了敬肃的神髓，一位不阿权贵、矢志不回的刚正之士的形象极为生动传神地跃然纸上，呼之欲出。可惜的是，有关他的材料过于简略，使我们不能了解他何以“老而弥笃”。但是，他在颍川郡丞任上的事仍然可令人一窥他的风范。

当时，左翊卫大将军宇文述正受到炀帝的重用，权宠倾天下，所有趋炎附势的佞幸小人都竭力投机钻营于他的门下，而恰恰在颍川就有他的封邑。为此，宇文述经常派人给敬肃捎去私人信件，嘱托敬肃为自己办一些私事。照理来说，这可是一辈子屈居下僚的敬肃向上钻营的良机，但他却根本不屑于与如此恃势横行的权贵为伍，每次接到宇文述的私函不开封，就令使者带走。宇文述的宾客一旦有放纵、不法行为，他都“以法绳之，无所宽贷”，为此，宇文述衔恨在心，时刻想报复。大业八年（612），敬肃又以朝集使身份在涿郡朝见，炀帝怜其年老，又有治绩，想提拔他，却被宇文述阻拦。大业末年，屡遭宇文述诋毁的敬肃被迫以颍川郡丞的身份告老退休。离官之日，家无余财。约年余卒于家，时年80岁。

◎故事感悟

敬肃身为颍川郡丞，至多不过从七品下吏，却敢于触犯权贵，排除干扰执行法律，所作所为虽说不上什么石破天惊的壮举，但正是这样许多的不畏权势、不计较个人得失的执法者，支撑起了法律尊严的脊梁。

◎史海撷英

占领吐谷浑

大业四年，隋炀帝再次运用“以胡制胡”之战略，派裴世矩游说铁勒诸部，使他们攻击吐谷浑，吐谷浑被突袭而大败。吐谷浑可汗伏允向东逃走，逃入西平境内，遣使向隋朝请降求救。炀帝派遣安德王雄领兵出浇河，许国公大隋名将总领军事的宇文述率军出西平“应降”。宇文述率军浩浩荡荡地抵达临羌城，吐谷浑可汗伏允面对隋朝大军心惊胆战不敢投降，率领残部向西逃窜，宇文述统领鹰扬郎将梁元礼、张峻、崔师等引兵追击，接连攻下曼头、赤水两座城，斩三千余级，俘获吐谷浑王公以下20人，虏男女4000人回师。

大业五年，炀帝总领六军亲征吐谷浑，命银青光禄大夫刘权率军出伊吾道，与吐谷浑军相遇，吐谷浑人被痛击狼狈逃跑。隋军追至青海，虏获千余人，乘胜攻下吐谷浑国都伏俟城。炀帝命令刘权继续率军进占吐谷浑的曼头、赤水两座重要城池，并在赤水大破吐谷浑军，击溃吐谷浑军主力，伏允率众保覆袁川。炀帝分命内史元寿南屯金山，兵部尚书段文振北屯雪山，太仆卿杨义臣东屯琵琶峡，将军张寿西屯泥岭，四面围之。吐谷浑可汗伏允仅仅率数十骑潜藏于泥岭之中而逃走，吐谷浑仙头王率男女十余万来归降，其中六畜有30余万。吐谷浑故地皆空，大隋拓地数千里。吐谷浑东西4000里，南北2000里，范围东起青海湖东岸，西至塔里木盆地，北起库鲁克塔格山脉，南至昆仑山脉皆为隋有。炀帝在吐谷浑故地置西海(今青海湖西)、河源(今青海兴海东南)、鄯善(今新疆若羌)、且末(今新疆且末南)四郡，设置在吐谷浑故都伏俟城。炀帝命令把隋朝天下所有犯轻罪的人移居到吐谷浑故地居住戍边，并发西方诸郡运粮以供给之，命刘权率军镇守河源郡积石镇，大开屯田。大隋在吐谷浑故地置州、县、镇、戍，实行郡县制度管理。

此时，大隋在炀帝的统治下达到极盛。《资治通鉴》说："是时天下凡有郡一百九十，县一千二百五十五，户八百九十万有奇。东西九千三百里，南北一万四千八百一十五里。隋氏之盛，极于此矣。"

隋炀帝的此次亲征，彻底地征服、占领了吐谷浑，打开了丝绸之路，畅通了中国与西方的联系，震服了西域各国，从此西域各国对中国朝贡不断。《隋书》赞曰："竟破吐谷浑，拓地数千里，并遣兵戍之。每岁委输巨亿万计，诸蕃慑惧，朝贡相续。"

◎文苑拾萃

不避强御

解释：不怕豪强有势力的人，同"不畏强御"。

出处：《后汉书·王符传》："夫谨敕之人，身不蹈非，又有为吏正直，不避强御，而奸猾之党横加诬言者，皆知敕之不久故也。"

示例：操持贵幸，缮理宫室，得其时制。

直言敢谏鲁宗道

◎大贤秉高鉴，公烛无私光。——孟郊

鲁宗道（966—1029），字贯之，亳州人。少年孤贫，生活于外祖父家。举进士后，为濠州定远尉，继任海盐县令、歙州军事判官司、迁秘书丞。天禧元年（1017）为右正言谏章，提了许多意见和建议，后升任户部员外郎，直龙图阁。在任期间，他对官吏的考察整理出标准，把考察的情况一条一条公布于殿庑之下。时章献太后临朝参政，当时有人上疏请立刘氏七庙，众大臣认为不妥而不敢言。鲁宗道直言劝阻，使章献太后放弃了这一计划。因鲁宗道直言敢谏，被称为“鱼头参政”，卒后谥“肃简”。

鲁宗道是宋仁宗的副宰相，是位忠于职守、直言敢谏的人。因他骨头硬，刚正不阿，又姓“鱼”字打头的“鲁”，因而被人们称为“鱼头参政”。

鲁宗道自幼父母双亡，由外祖父抚养长大。他的舅舅们都是武将，看不起他。他心里憋着一口气，发愤读书，不久便成了一名博学多能的人。

宋真宗天禧元年（1017），鲁宗道担任朝廷谏官，提了许多意见和建议，使宋真宗颇感厌烦。鲁宗道便对宋真宗说：“陛下用臣当谏官，仅仅是为了收到纳谏的美名吗？我以身居谏官之位而不干实事为耻辱，请陛下罢了我的官吧！”宋真宗一听大为感动，在金殿的墙上大书“鲁直”二字，让大臣们向他学习。不久，宋真宗把鲁宗道晋升为户部员外郎。第二年，又晋升他为左谕德。

有一天，鲁宗道到离家不远的小酒馆喝酒。突然，宋真宗急召他入宫相见。使者在门口等了好久，他才从酒馆里出来。使者问他：“如果皇上责怪你姗姗来迟，怎么回答啊？”鲁宗道说：“实话实说。”使者关心地说：“这样说，皇上一定会降罪于你的。”鲁宗道说：“饮酒是人之常情，如果欺骗皇上，那罪可就大了。”宋真宗听说这事后，认为鲁宗道诚实可靠，可以做大事。

后来，宋真宗曾向刘皇后说起此事。因此，当刘皇后临朝听政时，鲁宗道便得到了重用。

宋真宗死后，他12岁的儿子宋仁宗即位，刘皇后成为太后，即章献太后，开始临朝听政。

刘太后想当武则天，一天问鲁宗道：“唐朝的武则天如何？”鲁宗道回答说：“她是唐朝的罪人，几乎葬送了大唐江山。”刘太后听了，默然无语。

因为章献太后临朝听政，有人想讨好她，便上疏请为刘氏立七庙。按礼制规定，只有皇帝才有资格建立供奉七代祖宗的太庙。大臣们认为刘太后这样做是不妥的，但又不敢进言。只有鲁宗道直言劝阻，认为万万不可这样做，他说：“若立刘氏七庙，将置皇上于何地？”章献太后听了，只得放弃这一计划。七庙是皇权的象征，刘太后对此有觊觎之心，表明她想做女皇。但在鲁宗道的大力反对下，她只得收敛野心。后来，当程琳献《武后临朝图》时，她把图掷在地上，并说：“我不能做有负祖宗的事。”这说明她的态度已经转变了。

有一天，宋仁宗与刘太后一同到慈孝寺去，主管官员想让刘太后坐的大安辇在宋仁宗的车驾前面走。鲁宗道直谏道：“妇人有三从，在家从父，出嫁从夫，夫死从子。这是妇人之道啊！”太后听了，便命令大安辇走在车驾的后面。

当时，汴京城里有个大地主，名叫陈子城。他平白无故打死一个雇工后，畏罪潜逃，在外面避风头。宋仁宗大为震怒，下令悬赏捉拿逃犯。但是没过几天，情况大变，宫中传出消息，要停止对陈子城的追捕。原来，陈子城通过权臣，用巨额贿赂买通了内宫这条路子。此事传到鲁宗道的耳朵里，他立即朝见皇太后，直言进谏道：“太后，陈子城是一个作恶多端的大富豪，朝廷不该庇护他。否则，将大大损害朝廷的威望。”刘太后听了这番话后，很不高兴，板着脸反问道：“你怎么知道他是大富豪呢？”鲁宗道毫不畏惧，直言不讳地回答道："如果陈子城不是大富豪，怎么会有那么多钱托人说情，又怎么会有那么大的道行，打通内宫这道关节呢？"皇太后这才意识到陈子城杀人案事关重大，如不追究会有损朝廷的威望。于是，她不得不下令从速办案，从重处理。

刘太后在鲁宗道直谏时总是很生气，但事后冷静下来时，觉得鲁宗道能拾遗补过，对朝廷一片忠心。因此，鲁宗道受到刘太后的重用。

当时，枢密使曹利用自恃权高，骄横跋扈，鲁宗道数次当着皇帝的面驳斥他。为此，掌权的贵戚都很怕他。

鲁宗道在朝任职七年，从来不追逐名利。后来，他积劳成疾，病情加剧，宋仁宗亲自过问，特地赏赐白银3000两。

不久，鲁宗道去世，刘太后亲自去祭奠他，对这位刚正不阿的老臣之死深感惋惜。

◎故事感悟

鲁宗道为官刚直不阿，在任期间不图富贵、不图美名，一心维护事情的道义公理，被人称为"鱼头参政"，这个称号形象地刻画出了一位不畏权势、刚直不阿的贤臣，也在历史的长河中留下了一段佳话。

◎史海撷英

高梁河之战

宋太宗为夺回五代时后晋石敬瑭割给契丹的燕云十六州（今北京至山西大同等地区），于太平兴国四年五月平北汉后，未经休整和准备即转兵攻辽，企图乘其不备，一举夺取幽州。宋军于二十二日回师河北，二十九日大军云集镇州（今河北正定）。六月十三日，宋太宗率军数十万兼程北上。辽北院大王耶律奚底为阻止宋军北进，率军迎战于沙河（今河北易水），被宋军击败。二十三日，宋军兵临幽州城下。幽州城坚垒固，方圆30余里，由辽南京留守韩德让等率8万兵士驻守。南院大王耶律斜轸军屯于得胜口（今北京昌平西北），得知奚底军败，为避宋军锋锐，遂以奚底之青色军旗置于得胜口诱敌。宋军轻敌冒进，斜轸设伏兵袭其后，宋军受挫。二十五日，宋军以少数兵力与斜轸军相持于清沙河（今北京清河地区），集中主力四面围攻幽州城。在宋军强大攻势下，城中人心浮动，辽铁林都指挥使李札卢存率部出降，城中更加不稳。时屯兵燕山后的辽将耶律学古率兵赶来救援，城中稍安。宋军攻城不下，太宗于二十六日领兵转至城北攻打斜轸军，激战竟日，斜轸军败退。三十日，宋军再次攻城，300余人一度登上城头，被学古军击退。宋军顿兵坚城之下，将士倦怠厌战。

六月三十日，辽景宗耶律贤得知幽州被困，急令援北汉回师途中的耶律沙往救，又命耶律休哥率五院精骑增援。七月初六，耶律沙军先抵幽州城外，与宋军战于高梁河畔，被宋军击败。宋军乘势追击，时近黄昏，休哥军人持两炬突然由间道而至，宋军不备，休哥与斜轸合军分左右两翼向宋军猛烈反击，城中的耶律学古闻援军至，亦开城出击。宋军三面受敌，顿时大乱，全线溃退，仅死者万余人，宋太宗乘驴车逃走。辽军追至涿州（今河北涿县）乃止。

此战，辽军发挥骑兵优势，远道增援，变被动为主动，给宋军以沉重打击。宋军轻敌冒进，首战失利，对以后与辽作战造成了不利的影响。

姚天福号称“虎臣”

◎伏清白以死直兮，固前圣之所厚。——屈原

姚天福（1230—1302），字君祥。绛州（今山西新绛县）人。元世祖时期的监察官员。至元十一年（1274）被任命为监察御史，经常怒斥阿合马之奸，“廷折权臣，帝嘉其直，赐名巴儿思，谓其不畏强悍，犹虎也。”

当姚天福刚刚担任御史时，其母亲就告诫他说：“古称公尔忘私，委质为臣，当罄所衷，以塞其职，勿以未亡人为恤。”希望他不要总是考虑老母的安危，而要以尽职尽责为重。姚天福以自己的实际行动，实践了母亲的愿望。不论是帝王、大臣，还是豪右巨奸，只要于国不利，于民有害，他都敢于直言谏诤、坚决抨击。

开始，元朝的御史台任命了两位御史大夫，至使“纲纪无统”，指令不一。姚天福发现这一问题后，立即向元世祖提出了不同意见。他上疏说：“古称一蛇九尾，首动尾随；一蛇二首，不能寸进。今台纲不张，有一蛇二首之患。陛下不急拯之，久则紊不可理。”当时的御史大夫一为玉连帖木儿，一为孛罗，都是当时的名臣。姚天福以国事为重，不怕触犯自己的顶头上司。元世祖认为他言之有理，立即转告了二位大夫。孛罗主动提出自己年幼，甘愿让位。姚天福这一建议对元初监察机关的完善起了重大作用。

当时，姚天福负责腹里地区的监察工作，他发现有些出使的人欺压人民，索取贿赂，于是便微服私访，详细了解了那些人的罪状，上奏元世祖“戮之

以徇，豪右慴服”。

至元十二年（1275），元世祖又下诏“罢各道按察司”。姚天福对御史大夫玉连帖木儿说：“是司之设，所以广视听，虞非常，虑至深远，不但绳有司而已也。”玉连帖木儿恍然大悟，说：“微公言，几失之。”当天晚上就去进见元世祖，上奏了姚天福的意见，元世祖同意复立各道按察司。

至元十六年（1279），天下统一，姚天福被任命为嘉议大夫、淮西道按察使。“淮甸当兵冲，将吏有豪猾为民害者，悉铲除之，民大悦。”后来又担任湖北道按察使，揭发了行省大臣几十条罪状，元世祖因其有战功，特别原谅了那位省臣，但却“流其党与，州郡称治”。后来，姚天福曾进入中央政府任刑部尚书。至元二十六年（1289）再次担任淮西按察使，“按钜奸一人，没其家资，政化大行”。

至元二十八年（1291），奸臣桑哥被镇压，清查其党羽时，发现平阳一带人数较多。于是，元世祖任命姚天福为平阳总管，依靠他“穷治其事”。至元三十一年（1294），姚天福被任命为真定路总管，那里的“驿传之需，复为民害，天福更议措置之方，使不扰民，宪长争之。省臣以其事闻，诏从之，颁其制为天下式”。

◎故事感悟

姚天福立制行政，首先考虑是否有利于民众，因此对那些害民之政总是深恶痛绝，即使与某些长官发生争执，也决不让步，直到“使不扰民”才善罢甘休。综观姚天福一生的所作所为，元世祖称他为“不畏强悍”的“虎臣”，可以说是名副其实。

◎史海撷英

忽必烈与阿里不哥争位

蒙哥去世后，他的三个弟弟忽必烈、旭烈兀和阿里不哥，有一位将成为未来蒙古帝国的大汗。旭烈兀自1256年成为波斯汗后，由于远离蒙古高原，没有要求继承大汗位。剩下的只有忽必烈和阿里不哥。阿里不哥虽为幼子，但已经成为蒙古汗国本土上的统治者，并在蒙古都城哈拉和林扎营。作为蒙古地区的统治者，他准备在蒙古召开库里勒台，以确保他被举为大汗。而忽必烈抢在他之前率军从武昌北上，在中原的开平上都府建大本营。1260年6月4日，忽必烈在此被他的党羽，即他的军队，拥立为大汗。当时他44岁。

按成吉思汗的法律，这次仓促的选举是非正式的。按传统，库里勒台应该在蒙古召开，会前应召集成吉思汗的四个兀鲁思的代表们出席。阿里不哥在蒙哥的丞相、克烈部聂思托里安、教徒学鲁合的支持下，在和林被拥立为大汗。在中国，控制着陕西和四川的蒙军将领们倾向于阿里不哥一边，但忽必烈不久就把这两个省的军队争取到他一边。忽必烈的副将们在甘州东部（甘肃境内）打败了阿里不哥军，这次胜利巩固了忽必烈在对蒙古统治下的大理、西夏、吐蕃、金朝、南宋的所有权。忽必烈把他的优势兵力向大蒙古汗国本土推进，他于1260年底，在哈拉和林以南的翁金河畔度冬，而阿里不哥朝叶尼塞河上游撤退。接着忽必烈错误地设想战争已经结束，在和林留一支普通军队后，回到中国。1261年底，阿里不哥卷土重来，驱逐了这支驻军，并进军迎战忽必烈，在戈壁边境上打了两仗。第一仗忽必烈获胜，然而，他再次错误地没有追击阿里不哥，10天后打了第二仗，尽管战斗十分激烈，但却没有决定性的胜负。

站在孛儿只斤·阿里不哥一边的有窝阔台系的领导人、塔尔巴哈台的叶密立地区的统治者海都和察合台宗王阿鲁忽，阿里不哥曾帮助阿鲁忽从其堂兄妻、兀鲁忽乃手中夺得察合台兀鲁思。由于这一支持，阿里不哥与忽必烈相僵持，直到1262年底，阿鲁忽背弃阿里不哥投靠忽必烈。这一出人意料的背叛改变了形势。当忽必烈赶走了阿里不哥的人，重新占领和林时，阿里不哥被迫在伊犁河流域与阿鲁忽作战。阿里不哥被两军围住，最后于1264年投降忽必烈。忽必烈为了笼络人心，没有杀他，但是却处死了阿里不哥的主要支持者，包括聂思托里安教丞相孛鲁合。为谨慎起见，他把阿里不哥作为重要俘虏囚禁起来，直到1266年阿里不哥去世。

◎文苑拾萃

《大元一统志》

元代官修各地方志的总志。元朝至元二十二年（1285），集贤大学士行秘书监事扎马剌丁奏请编纂大一统志，世祖忽必烈遂命他与少监虞应龙等人搜集材料编纂此志。至元三十一年（1294），书成。但此后又陆续得到《云南图志》、《甘肃图志》、《辽阳图志》，因而又重新编修，由孛兰肸、岳铉等人编纂，于大德七年（1303）完成。前后历时17年。此书按各路、州、县分别记述各地区有关的史地，内分建置沿革、坊郭乡镇、里至、山川、土产、风俗形势、古迹、官迹、人物、仙释等门类。此书所引用的材料，江南诸省大多取材于宋《舆地纪胜》及宋元时所修各地方志；北方诸省则大半取材于唐《元和郡县志》及宋《太平寰宇记》和宋元时所修方志；边远地区的内容则是采自元朝新编《云南图志》、《甘肃图志》和《辽阳图志》等书。因此，《大元一统志》中保存了大量宋朝、金朝、西夏、大理国、西辽、吐蕃、蒙古高原、元朝时所修方志书中的珍贵史料，具有较高的史料价值。

此外，此书对元朝各地的社会经济状况、阶级状况，以及地理、地质、考古等的记载，也都有重要的史料价值。但此书在明朝时就已散失，然而在明修《一统志》、清代编《清一统志》中都存有《大元一统志》中的若干资料。今有金毓黻辑成的《大元一统志残本》15卷，又与安文溥辑成《大元一统志辑本》4卷。

杨阜辞宴

◎临难而不失其德。——《吕氏春秋》

杨阜（生卒年不详），字义山。天水冀人。东汉末年三国时期曹魏的官员，早年以对抗马超而出名，后期则多次进谏曹睿。三国时期曹魏名臣。献帝建安初年，任凉州从事，旋拜安定长史，韦康任刺史后辟为别驾，改任州参军。

杨阜精明强干，曾亲手与马超交战，身上受过五处伤。马超无可奈何，只得逃出关中。杨阜因征讨马超有功，赐爵关内侯。在协助曹操统一中国北方的征战中，杨阜发挥过巨大作用。

杨阜为人刚正不阿，这里所写的两件事，说明他对主将，甚至对皇帝毫不逢迎，决不屈从。他的胆量和气魄，不亚于唐太宗时直言敢谏的魏征，至今被人们所称颂。

在汉中一次大战中，曹洪在和马超会战中打了胜仗，一时高兴，大摆宴席，宴请将士。席上，曹洪令家中歌女穿着薄薄的透明的衣服在鼓上跳舞，满座的人几乎都笑了，有的还大声喝彩。这时，只有杨阜一人勃然大怒，呼地一下站了起来，厉声斥责曹洪道："男女有别，这是国之大节，哪有在稠人广众中裸露女人身体的？即使桀、纣再淫乱，也不会有过于此的。"说罢，怒气冲天地拂袖而去。

曹洪闻言猛醒，立即让歌女退下，请回杨阜，对他肃然起敬，从此心中开始惧他三分了。

曹洪是曹操的爱将，杨阜也敢于当面指责他。这样不逢迎、不屈从，只有刚正不阿的杨阜才能做得到。

曹操的孙子魏明帝即位后，杨阜到朝中做官，更是多次向皇帝进谏。无论是在皇帝的服饰方面、宫殿建筑方面，还是在公主出殡和后宫人数上，杨阜都直言不讳地提出自己的意见，有时话说得非常激烈。杨阜曾六次进言，劝魏明帝要勤政爱民。

◎故事感悟

杨阜的刚正不阿出自天性，他敢于说话，无畏无惧，连皇帝都让他三分，从未怪罪过他。杨阜和他的事迹在历史的长河中熠熠生辉。

◎史海撷英

杨阜战马超

建安十六年(211)，马超战败于渭南，逃至戎狄处。曹操追至安定，时苏伯反于河间，不得不引军东还。杨阜谏曰："马超有信、布之勇，甚得羌、胡之心，大军退还，若不严加守备，陇西诸郡，恐怕难以保全。"建安十七年，马超率戎狄卷土重来，又有张鲁大将杨昂相助，时诸郡响应，唯杨阜所在冀城久攻不下。自正月僵持至八月，救兵不致。

别驾阎温潜出求救，不成，为马超所杀。于是刺史、太守，皆有降意。杨阜苦谏不从，开城请降。后刺史、太守皆遇害，马超自称征西将军，领并州牧，督雍凉军事。夏侯渊领兵救冀，与马超交战不利，退还。然此时杨阜以丧妻为由，逃离冀城，投奔外兄姜叙，哭诉马超之恶行，劝其起兵，与乡人姜隐、赵昂、伊奉、姚琼、孔信、武都李俊、王灵结谋共讨马超，同时暗结梁宽、赵衢、庞恭为内应。计定，于建安十七年九月起兵于卤城，马超得知后大怒，将兵讨伐。既出，赵衢、梁宽尽杀其妻、子，马超与杨阜战于卤城，不下，且无家可归，乃只身奔往张鲁处。

◎文苑拾萃

丰屋之祸

释义：指高大其屋，将有覆家之祸，应引以为戒。同“丰屋之戒”。

出处：陈寿《三国志·辛毗杨阜高堂隆传》：“《易》曰：‘丰其屋，蔀其家，窥其户，阒其无人。’王者以天下为家，言丰屋之祸，至于家无人也。”

韩休耿直一生

◎赤心事上，忧国如家。——唐 · 韩愈

韩休（673—739），唐朝大臣。字良士。京兆长安（今陕西西安）人。历司封员外郎、起居郎、中书舍人，迁礼部侍郎，兼知制诰。开元十二年出为虢州刺史，以母丧去职。服除，除工部侍郎、仍知制诰，迁尚书右丞。开元二十一年三月，拜黄门侍郎、同中书门下平章事。既为相，犯颜敢谏，宋璟誉其为“仁者之勇”。

唐玄宗开元十二年（724），韩休出京担任虢州刺史。

虢州位于东京（洛阳）和西京（长安）之间，皇帝经常路过这里，总要征收马厩税和草料税。为了减轻百姓负担，韩休向朝廷提出申请，请求将虢州的税由虢州和其他州共同分担。中书令张说不悦道：“免去虢州的税而分给别的州，这是守臣为自己牟私利。”韩休见朝廷不批，仍坚持申请。他的下属担心这样做会惹怒宰相，韩休说：“知道百姓之苦而袖手旁观，怎配当官呢？就是获罪我也甘心。”最终，朝廷同意了韩休的请求。

不久，母亲去世，韩休辞职回家。服孝完毕后，韩休又回到朝廷做官，担任过工部侍郎，兼任知制诰，后来又升任尚书右丞。

侍中裴光庭去世后，唐玄宗让宰相萧嵩推荐能代替裴光庭的人。萧嵩一向赞扬韩休的志向和品行，于是推荐他出任黄门侍郎、同中书门下平章事，做了宰相。

韩休为人耿直，不追求名利。他担任宰相后，天下的人都认为很合适。

万年县县尉李美玉因过失犯罪，唐玄宗要把他流放到岭南去。韩休说：

“县尉不过是个小官，李美玉犯的又不是大罪，不必流放到岭南去。如今朝廷里有大奸臣，请先惩治他们。金吾大将军程伯献依仗恩宠，贪赃枉法，他家里的房屋、轿子、车马都越制违规了。请陛下先惩治程伯献，然后再惩治李美玉。”唐玄宗不肯准奏，韩休坚持说：“小罪不被宽容，大奸竟然不责问。陛下如果不惩治程伯献，我就不敢奉诏惩治李美玉。”唐玄宗无可奈何，也就不强迫他了。他就是这样刚正不阿。

当初，萧嵩认为韩休为人温和，平易近人，因此推荐了他。韩休做宰相后，在处理政务时有时顶撞萧嵩，萧嵩心里很不舒服。宋璟听说后，赞扬道：“没想到韩休能这样做，这是仁者之勇啊。”

萧嵩宽厚博大，韩休刚正不阿，两人正好可以互相弥补。对于时政的得失，韩休一说起来就非常详尽。

唐玄宗有时在宫中宴饮或在苑中打猎时，常常对左右的人说：“韩休知道不知道？”话刚说完，韩休进谏的奏章就递上来了。

有一天，唐玄宗对着镜子默不作声，左右的人说：“韩休做宰相后，陛下瘦多了，为什么不罢免他？”唐玄宗叹息道：“我虽然瘦了，天下却肥了。萧嵩常顺着我，他退下去后，我无法安眠。韩休经常据理力争，他退下去后，我睡得很安稳。我用韩休是为了国家，不是为自己啊。”

◎故事感悟

韩休直言不讳、刚正不阿，不因君主的喜好而趋炎附势，在处理事务上坚持正确的意见而不改变，他的确是一名让人敬佩的贤相啊。

◎史海撷英

唐朝的租庸调制

租庸调制是以均田制的推行为基础的赋役制度。此制规定，凡是均田人户，不论其家授田是多少，均按丁交纳定额的赋税并服一定的徭役。它的内容是：每丁每年要向国家交纳粟二石，称做租；交纳绢二丈、绵三两或布二丈五尺、麻三斤，称做调；服徭役20天，是为正役，国家若不需要其服役，则每丁可按每天交纳绢三尺或布三尺七寸五分的标准，交足20天的数额以代役，这称做庸，也叫“输庸代役”。国家若需要其服役，每丁服役20天外，若加役15天，免其调，加役30天，则租调全免。

唐朝在隋朝的基础上，以轻徭薄赋的思想改革赋税体制，实行租庸调制。唐朝的租庸调制不再有年龄的限制。唐初施行两税制时，运作良好，人民生活安定，国家收入稳定。但自安史之乱后，户籍失修，生产破坏，国家支出大增，旧有的租庸调制已不合时宜，不得不以两税制取代之。

租庸调制破坏的原因是因为均田制的破坏。租庸调制是要配合均田制的，其后均田制破坏，租庸调制亦不可行。唐代人口不断增加，到后来政府已无足够土地实行均田制，领田者所得土地不足，但又要缴纳定额的租庸调，使农民负担不起，唯有逃亡，而造成租庸调制的破坏。另外，唐中叶后，土地兼并严重。均田令虽然禁止买卖田地，但经府批准，田地仍可转让，使免课户如官僚、寺院等可以兼并土地。失去土地的课户仍要纳租庸调，故在无法负担的情况下不得不逃亡。大量课户的逃亡，使政府的征税对象减少，削减国家税收，由此可见租庸调制的破坏是因均田制的破坏造成的。

◎文苑拾萃

唐朝手工业

唐朝手工业分官营和私营两种。工部是主管官营手工业的最重要部门，直接管理的机构有少府监、将作监、军器监。少府监主管精致手工艺品；将作监主管土木工程的兴建；军器监负责兵器的建造，监下设署、署下设作坊。此外，还有铸钱监和冶监等。官营手工业的产品一般不对外销售，只供皇室和衙门消费，工人则分为工匠、刑徒、官奴婢、官户、杂户等。私营手工业较官营手工业比较不发达。唐朝前期主要手工业有纺织业、陶瓷业和矿冶业。唐后期，南方手工业大幅进步，特别是丝织业、造船业、造纸业和制茶业。

"五胆忠臣"范仲淹

◎断，失于太速；察，伤于太精。——《新唐书》

> 范仲淹（989—1052），原名朱说，字希文。北宋政治家、文学家、军事家，谥号"文正"，汉族。祖籍陕西彬州（今陕西省咸阳市彬县），生于苏州吴县（今江苏省苏州市）。真宗大中祥符八年（1015）进士，恢复范姓，后官至参知政事（副宰相）。

范仲淹不但是个军事家，而且是宋代著名的政治家、文学家。他是苏州吴县人，从小死了父亲，因为家里贫穷，母亲不得不带着他另嫁到一个姓朱的人家。范仲淹在十分艰苦的环境中成长，住在一个庙宇里读书，穷得连三餐饭都吃不上，每天只靠熬点薄粥充饥，但是他仍旧刻苦自学。有时候，读书到深更半夜，实在倦得张不开眼，就用冷水泼在脸上，等倦意消失了继续攻读。这样苦读了五六年，终于成为一个很有学问的人。

范仲淹原来在朝廷当谏官，因为看到宰相吕夷简滥用职权，任用私人，就向仁宗大胆揭发。这件事触犯了吕夷简，吕夷简反咬一口，说范仲淹交结朋党，挑拨君臣关系。宋仁宗听信吕夷简的话，把范仲淹贬谪到南方，直到西夏战争发生以后，才把他调到陕西去。

范仲淹在宋夏战争中立下了大功，宋仁宗觉得他的确是个人才。这时候，宋王朝因为内政腐败，再加上与辽朝和西夏的战争军费和赔款支出浩大，财政紧张。宋仁宗就把范仲淹从陕西调回京城，派他担任副宰相。

范仲淹一回到京城，宋仁宗马上召见他询问治国的方案。范仲淹知道朝廷弊病太多，要一下子都改掉不可能，准备一步一步来。但是，禁不住宋仁宗一再催促，就提出了十条改革措施，主要内容是：

一、对官吏一定要定期考核，根据政绩好坏提拔或者降职；

二、严格限制大臣子弟靠父亲的关系得官；

三、改革科举制度；

四、慎重选择任用地方长官。

还有几条是提倡农桑、减轻劳役、加强军备、严格法令等等。

宋仁宗正在改革的兴头上，看了范仲淹的方案，立刻批准在全国推行这十条改革措施。历史上把这次改革称为“庆历新政”（“庆历”是宋仁宗的年号）。

但范仲淹的新政刚一推行，就像捅了马蜂窝一样。一些皇亲国戚，权贵大臣，贪官污吏，纷纷闹了起来，散布谣言，攻击新政。有些原来就对范仲淹不满的大臣，天天在宋仁宗面前说坏话，说范仲淹交结朋党，滥用职权。

宋仁宗看到反对的人多，就动摇起来。范仲淹被逼主动要求回到陕西防守边境，宋仁宗就把他打发走了。范仲淹一走，宋仁宗就下命令把新政全部废止。

提起范仲淹，人们总会想起他的名篇《岳阳楼记》中的千古绝句“先天下之忧而忧，后天下之乐而乐”。这千古名句正是范仲淹一生为人做官的真实写照。

不管是当小官还是掌大权，范仲淹总是心怀社稷，廉洁奉公，以天下为己任，世人称他为“五胆忠臣”。

一胆：敢于指责朝政。宋仁宗时大兴土木，朝廷从陕西征购木材，运往京城建造宫殿。范仲淹看到浩大的土木建设给民众带来的苦难后，不顾他人劝阻，上书朝廷，直陈弊端和危害，引起了仁宗皇帝的高度重视和警醒。仁宗皇帝停止了宫殿建设，并要求臣民“以仲淹为忠”。后来，范仲淹还针对朝政存在的问题书写了《救弊十事》，令朝政为之一振。

二胆：敢于斗权贵。当时朝中权臣吕夷简利用手中权力，拉帮结派，徇私舞弊，视范仲淹为眼中钉。他多次派人暗中威胁范仲淹，让他勿言朝政、勿议国事，但范仲淹毫不惧怕，多次表示宁可舍去官位性命，也不姑息养奸。为压制范仲淹，吕夷简调任他管理关系盘根错节、矛盾错综复杂的开封府，想借皇亲国戚和官僚大臣，甚至那些贪官污吏的手，杀杀范仲淹的锐气。没想到范仲淹到任后，从清理弊端入手，敢于查处污吏，克服各种阻力，疏奏朝廷惩治，很快开封府“肃然称治”。

三胆：敢于举腐败。为了彻底揭露吕夷简等人任人唯亲、朋比为奸的做法，范仲淹深入调查，掌握了大量证据，疏奏给宋仁宗。并将吕夷简结党营私、提升贪官污吏的情况，绘成“百官图”呈献给皇帝，仁宗一眼就看清了贪官污吏们的所作所为。之后，他又先后为皇帝书写了《帝王尚好》、《选贤任能》等政文，使朝政存在的腐败问题得到了很好的治理整顿。

四胆：敢于用清官。1043年，也就是庆历三年，范仲淹在抵抗西夏入侵中立下大功，调回京师任参知政事，领导进行“庆历新政”。范仲淹掌握一定权力后，进行的第一件事就是整顿吏治。他采取职能业绩评定和群众评议的办法，对重要岗位的官吏进行了任职考核，很快一些庸碌、无能、腐朽的官吏被罢免，一些主事刻薄、惯于搜刮民财的贪官污吏被整治，特别是对那些具有皇亲国戚背景的官吏，范仲淹也是只管政绩不重关系，该撤的撤该查的查，一时间官风大变。同时，对精明能干、正直清廉的官吏，只要是克己奉公者都被提拔到重要位置。同时，为保证官吏正确使用权力，他还上奏朝廷制定了官吏考核办法，为仁宗时的国富民强奠定了基础。

五胆：勇于不留财。范仲淹为政清明，个人生活十分节俭。官位渐高，日渐富贵后，他仍然是“非宾客不食重肉。妻子衣食，仅能自充”。后来当了大官，他始终坚持教育子孙要“知节俭，莫贪富贵”。晚年时，范仲淹没有把一生的积蓄留给子孙，而是广置义庄、义田和义宅，用来赈济穷苦群众。范仲淹61岁时，子孙们劝他治第于洛阳，然后颐养天年，范仲淹听后坚辞说：“人若有道之乐，形骸可外而况室乎？吾将以薪俸有余者，赈济宗族。”后来，范仲淹还建义学使贫困者有了安身之处，子弟有受教就学之所。他64岁去世时，“虽位充禄厚而以贫终其身”，“其殁之日，身无以为殓，死无以为丧”。

◎故事感悟

范仲淹为政清廉，体恤民情，刚直不阿，力主改革，虽屡遭奸佞诬谤，数度被贬，仍无所畏惧。其“先忧后乐”思想已成为一座不朽的丰碑，成为中华民族乃至世界人民的宝贵精神财富。

◎史海撷英

范仲淹求学

真宗大中祥符四年（1011），23岁的范仲淹来到睢阳应天府书院（今河南睢阳区）。应天府书院是宋代著名的四大书院之一，共有校舍150间，藏书数千卷。更主要的是，这里聚集了许多志操才智俱佳的师生。到这样的学院读书，既有名师可以请教，又有许多同学互相切磋，还有大量的书籍可供阅览，况且学院免费就学，更是经济拮据的范仲淹求之不得的。应天府后来改名南京，所以应天府书院又叫南都学舍。

范仲淹十分珍惜新的学习环境，昼夜不息地攻读。范仲淹的一个同学、南京留守（南京的最高长官）的儿子看他终年吃粥，便送些美食给他。他竟一口不尝，听任佳肴发霉。直到人家怪罪起来，他才长揖致谢说：“我已安于过喝粥的生活，一旦享受美餐，日后怕吃不得苦。”范仲淹艰涩的生活，有点像孔子的贤徒颜回：一碗饭、一瓢水，在陋巷，他人叫苦连天，颜回却不改其乐。

范仲淹的连岁苦读，也是从春至夏，经秋历冬；凌晨舞一通剑，夜半和衣而眠。别人看花赏月，他只在六经中寻乐，偶然兴起，也吟诗抒怀。“白云无赖帝乡遥，汉苑谁人奏洞箫？多难未应歌凤鸟，薄才犹可赋鹪鹩，瓢思颜子心还乐，琴遇钟期恨即销，但使斯文天未丧，涧松何必怨山苗。”此诗是范仲淹写给书院同窗晏殊的。数年之后，范仲淹对儒家经典——诸如《诗经》、《尚书》、《易经》、《礼记》、《春秋》等书主旨，已然堪称大通，吟诗作文，也慨然以天下为己任。

大中祥符七年（1014），迷信道教的宋真宗率领百官到亳州（今安徽亳县）去朝拜太清宫。浩浩荡荡的车马路过南京（今河南商丘），整个城市轰动了，人们争先恐后地看皇帝，唯独有一个学生闭门不出，仍然埋头读书。有个要好的同学特地跑来劝他：“快去看，这是个千载难逢的机会，千万不要错过！”但这个学生只随口说了句：“将来再见也不晚”，便头也不抬地继续读他的书了。果然，第二年他就得中进士，见到了皇帝。这位学生就是日后的北宋伟大的改革思想家范仲淹。

◎文苑拾萃

改革失败后的范仲淹

范仲淹在改革主张得以实施的日子里，日夜工作，希望挽救北宋的危机。然而，却遭到了保守势力的攻击和阻挠，甚至被诬蔑为在朝中专权，私结“朋党”。仁宗也对他猜忌起来。于是，新政实行不到一年就失败了。1045 年，范仲淹被迫离开了朝廷，出任河东、陕西宣抚使、知邠州等职。后又到邓州、杭州、青州等地为官。多年的劳碌和改革失败的郁闷，使他积劳成疾，只活到 64 岁，于 1052 年病逝了。

范仲淹的政治改革虽然失败了，但却为以后王安石的变法开了先导，并提供了丰富的历史经验。所以，他仍然不愧为北宋的一位大政治家。

足不登巨公势家之门

◎能去私曲就公法者，民安而国治。——《韩非子》

黄溍（1277—1357），元代文学家，婺州义乌（今浙江省义乌市，位金华市东北）人。字文晋，又字晋卿。仁宗延祐间进士，任台州宁海（今浙江省宁海县，位杭州市东北）县丞，累擢侍讲学士知制诰等职。生平好学，博览群书，议论精要，其文布置谨严，援据切洽，在朝中挺然自立，不附于权贵，时人称其为清风高节，如冰壶三尺，纤尘不污。著作有《日损斋稿》33卷，《义乌县志》7卷，《日损斋笔记》1卷，《黄文献集》10卷。他在书法方面造诣颇深，是元代著名的书法家。今存《黄学士文集》43卷。

元仁宗延祐元年（1314），恢复了贡举，以便选拔人才。对早就出了名的才子黄溍，县里催促他参加考试。他一试即中，出任台州路宁海县丞。

宁海县位于浙东沿海，盐业兴旺。一些盐业大户有恃无恐，不受管束，肆意妄为，残害百姓。而当地的一些官吏受这些盐户的贿赂收买，也不主持公道，听之任之，使这股恶势力更加肆无忌惮。

黄溍到任后，见此情景，深恶痛绝，毫不迟疑地对为非作歹者一律绳之以法，绝不宽容。

这时，黄溍的下属忧心忡忡，生怕受到报复，小心翼翼地告诉黄溍说：“这伙人背后有人撑腰，可惹不得啊！”黄溍斩钉截铁地回答道：“官可以不当，百姓的事不能不管。”他刚正不阿，执法如山，对地方恶霸严惩不贷。他几经努力，使宁海恶焰渐消，百姓终于过上了安宁的日子。

黄溍担任州县官吏长达20余年，始终以父母官自律，体恤民间疾苦，为百姓办好事。他清白廉洁，除俸禄外，不接受任何非法钱财。他常常因生活费用欠缺而变卖家产，以资弥补。他两袖清风，政绩卓异，惠及地方，因此深受百姓爱戴。

元明宗至顺二年（1331），黄溍被朝廷提拔进京做官。

至正八年（1348），黄溍受命编修《后妃功臣列传》。他凭着高尚的史德，秉承《春秋》笔法，尊重史实，从不曲意逢迎，再一次表现了刚正不阿的崇高品质。

黄溍光明磊落，一身正气。他在京城断断续续为官20年，“足不登巨公势家之门”，不阿附权贵。

◎故事感悟

“黄君清风高节，如冰壶玉尺，纤尘不染”是时人对黄溍的称赞，也是黄溍为官“足不登巨公势家之门”的真实写照。黄溍为官刚正不阿、光明磊落，正是我们后人学习的典范！

◎史海撷英

大元民族政策

在封建制度里，贵族处于最高统治地位，当蒙古族侵占其他国家建立政权后，就出现了包括蒙古族贵族在内的多个民族贵族并立的情况，这产生了全国该由谁统治的问题。大元为了国家稳定和维护蒙古贵族在全国的统治权，采用民族分化政策，把全国人分为四等：一等蒙古人，二等色目人，三等汉人，四等南人。元朝在民族文化上采用多元化政策，尊重国内各个民族的文化和宗教，并鼓励国内各个民族进行文化交流和融合。大元还包容和接纳外国文化，甚至准许外国人在中国做官、通婚等。欧洲著名历险家马可·波罗曾是大元的重要官员。

当时蒙古族在各等人中名列第一等。

色目人继蒙古人之后名列第二等，主要指西域人，是最早被蒙古征服的，如钦察、唐兀、畏兀儿、回族等。另外，蒙古高原周边的一些较早归附的部族，也属于色目人，如汪古部等。

汉人为第三等，指淮河以北原金朝境内的汉、契丹、女真等族以及较晚被蒙古征服的四川、云南（大理）人，东北的高丽人也属第三等。

南人为第四等，指最后被元朝征服的原南宋境内各族人（淮河以南不含四川地区的人民）。

早在大元成立前的蒙古国时期，成吉思汗攻占中原后，有位大臣提出将当地汉人驱赶后把中原变成蒙古人的大牧场。但成吉思汗的谋士契丹人耶律楚材以可以向汉人征收大量税收为由强烈反对这个计划，因而该提案没有实施。

◎文苑拾萃

元曲四大家

元曲四大家指关汉卿、白朴、马致远、郑光祖四位元代杂剧作家。四者代表了元代不同时期不同流派杂剧创作的成就，因此被称为“元曲四大家”。但历史上还有部分人认为元曲四大家是关汉卿、王实甫、马致远和白朴。

明代何良俊在《四友斋丛说》中说：“元人乐府称马东篱、郑德辉、关汉卿、白仁甫为四大家。”在此以前，元代周德清在《中原音韵》序中说：“乐府之盛之备之难，莫如今时……其备则有关、郑、白、马。”但是，周德清虽以四人并称，却并未命以“四大家”之名，另外，明初贾仲明为马致远作的悼词中又有“共庾、白、关老齐眉”的说法，“庾”指庾吉甫。

关于这几位元曲作家的排列和评价，因人因时而各有不同。

元代钟嗣成的《录鬼簿》把关汉卿列为杂剧作家之首，贾仲明称关汉卿是：“驱梨园领袖，总编修师首，捻杂剧班头。”但明初朱权的《太和正音谱》却首推马致远，以为“宜列群英之上”，而以关汉卿为“可上可下之才”。

明代前期以后，又有盛赞郑光祖而贬低其余三家的，如何良俊《四友斋丛说》说：“马之辞老健而乏滋媚，关之辞激励而少蕴藉，白颇简淡，所欠者俊语，当以郑为第一。”清人王激烈《曲谈》中则认为“关、白、马、郑诸家”。

近代王国维的《宋元戏曲史》中说：“元代曲家，自明以来，称关、马、郑、白，然以其年代及造诣论之，宁称关、白、马、郑为妥也。关汉卿一空倚傍，自铸伟词，而其言曲尽人情，字字本色，故当为元人第一”。

关汉卿、白朴、马致远、郑光祖代表了元代不同时期不同流派杂剧创作的成就，他们被称为“元曲四大家”，已为历史公认。明代王世贞、王骥德等人为王实甫未被列入“四大家”而提出非难，王骥德还提出“王、马、关、郑”说。清代李调元《雨村曲话》则有“马、王、关、乔（吉）、郑、白”之说，但未见流行。

主持正义的钟炌

◎功莫美于去恶而为善，罪莫大于去善而为恶。——《新书·修政语上》

钟炌（1583—1650），号昭明，字淑贤。江西分宜山泗村人。天启年间进士，授中书，考选户科，初任中书舍人，后历任户科、礼科、吏科给事中，太常大理少卿、大理正卿、顺天府尹、吏工二部左侍郎、都察院左都御史。

钟炌是明朝有名的硬骨头。钟炌在县、府读书时，便以德行和文章著称，受到分宜县令徐聘和知府黄鸣乔的赞赏。

明熹宗天启二年（1622），钟炌考中进士，曾担任过中书舍人、太理寺卿、吏部侍郎、左都御史。入仕后，钟炌办事缜密，为官正直。

明熹宗不理朝政，司礼监秉笔太监兼掌东厂太监魏忠贤趁机专权。魏忠贤网罗亲信，结党营私。从内阁、六部到各省总督、巡抚衙门，都有魏忠贤的死党，其中太监有王体乾、李永贞、涂文辅、李朝钦、王朝辅、孙进、王国泰、梁栋等30多人；文臣有崔呈秀、田吉、吴淳夫、李夔龙、倪文焕为之出谋划策，号称“五虎”；武臣有掌管锦衣卫的田尔耕、许显纯、孙云鹤、杨寰、崔应元，专杀反对派，号称“五彪”；吏部尚书周应秋、太仆寺少卿曹钦程等人内外呼应，号称“十狗”；还有“十孩儿”、“四十孙”等爪牙盘踞各要害部门。

魏忠贤大肆消灭反对他的“清流”和正直官员。明熹宗天启二年（1622），魏忠贤以皇帝名义颁布禁令，拆毁全国所有书院。在士人心中享有崇高声誉的东林书院、首善书院、关内书院、江右书院、徽州书院均遭厄运。

同年，魏忠贤清洗了翰林院修撰文震孟、庶吉士郑鄤。

天启四年（1624），声势浩大的倒魏风潮一过，魏忠贤立即疯狂反扑。先迫令主张魏忠贤自动引退的内阁首辅叶向高辞官，接着将弹劾魏忠贤的杨涟、左光斗、魏大中、高攀龙、赵南星等大臣罢官。这样，内阁、六部、都察院等部门几乎全部落入阉党控制之下了。

魏忠贤见时机成熟，便大开杀戒，先后制造了“六君子之狱”和“七君子之狱”。

魏忠贤假传圣旨，逮捕杨涟以及支持杨涟的左光斗、袁化中、魏大中、周朝瑞、顾大章，以追赃为借口，将六人严刑拷打致死。这就是“六君子之狱”。

魏忠贤又以“欺君蔑旨”的罪名，将支持杨涟弹劾魏忠贤的周起元、周宗建、缪昌期、高攀龙、李应升、黄尊素、周顺昌逮捕入狱，严刑拷打致死。这就是“七君子之狱”。

钟炌在朝廷任职期间，正值明熹宗重用大宦官魏忠贤，造成中国历史上空前未有的宦官专政。

魏忠贤勾结明熹宗的奶妈客氏，掌握朝廷大权，专横跋扈，结党营私，卖官鬻爵，残害忠良，妄图窃取帝位。

钟炌是个耿介硬汉，没有丝毫媚骨，不肯像依附魏忠贤的朝臣那样向魏忠贤作揖下跪，不愿与魏忠贤同流合污。后来，钟炌终于受不了朝廷上那种腥臭的空气了。于是，他挂冠而去，过起了隐居生活。

明熹宗天启七年（1627），明熹宗驾崩，崇祯皇帝朱由检即位。

崇祯是个励精图治的君主，早就看透了魏忠贤的狼子野心，登基刚三个多月就雷厉风行地惩治阉党，将魏忠贤罢官流放了。

魏忠贤畏罪自缢后，崇祯下令将其戮尸示众。全国上下人心大快，钟炌也重返朝廷。崇祯十一年（1638），钟炌升任都察院左都御史。

有一天，有个巡抚发现奸人梁四为非作歹，交法司一审问，事情涉及内侍邓希昭。去恶除奸是御史的职责，身为左都御史的钟炌，经过与有关部门会审，决定依法将邓希昭治罪。然而司礼内监曹化淳与东厂宦官王之心同邓希昭是一丘之貉，他们利用职权，袒护同党，借复审为由，改变供词，要为邓希昭翻案，还威胁钟炌和一起参加审理的刑部侍郎张承昭，说："如不改变原判，就给你们一点颜色看看。"

钟、张二人真理在手，毫不畏惧，坚持原判，继续照样上报。结果，崇祯说他们"忤旨"，将他们二人同时罢官。

钟炌观点明朗，态度坚决，当东厂宦官王之心以祸福来威胁他改判时，他义正词严地说："我是法官，只知道依法行事。如果为了铲除大奸，安定社稷，不幸死了，也没有遗憾！"

钟炌归故里后，见明王朝大厦将倾，再也无心出山做官了。

◎故事感悟

在钟炌近20年仕宦生涯中，一贯为官耿直，办事公道，以严驭吏，以宽洽民。崇祯皇帝也曾在敕命中称他是"洁己奉公之选"，并褒扬他"使吏部有清贞独立之名"。如此政绩和赞誉，足可见钟炌为人为官刚正不阿，其品质令人钦佩与崇敬。

◎史海撷英

钟炌减赋

元至正二十年(1360)，陈友谅与朱元璋争天下，占据袁州等三府，暂借粮一年，陈战败，"黎伯安妄将借征册籍抱献明太祖希赏"，后成"岁额"。至正二十二年袁州残将欧普祥遣子纳降时，又误将袁郡亩田纳粮3乡斗(每斗3升)报为3官斗(每斗10升)，造成袁郡税负特重中的独重。明嘉靖三十八年(1559)，户部向省加派辽饷亩田派银3厘5毫，后续加至亩田9厘，江西按原税粮石数加派，原税负越重者，加得越多，造成袁民不堪重负，饥寒交迫，逃亡接踵。钟炌怀以公正与怜悯之心，邀集在京袁州籍官员袁业泗等6人，向皇上秉笔呈报《减派辽饷公疏》。《公疏》陈词激烈："袁民拊膺莫可奈何，嗷嗷一郡，膏血已尽，骨髓俱竭，向犹称贷饶家，今家家疲于竭泽，遍闾里皆萧条，即贷无可贷也，""每岁万千之金，从何而出？""然剜已之肉，谁无不平之鸣"。他以无所畏惧的气概，一针见血地揭露与抨击元末乃至明朝封建统治者对农民的残酷掠夺。后经皇帝御批"照亩均派"。从此，袁郡(分宜等四县)每年减纳赋税银1.2万余两。

◎文苑拾萃

《崇祯历书》

崇祯二年（1629），徐光启时任礼部尚书，再次提出修历建议。是年崇祯批准并下令设立历局，由徐光启领导，修撰新历，并要求他"广集众长，虚心采听，西洋方法不妨兼收，各家不同看法务求综合"。徐光启奉崇祯帝旨，在钦天监开设西局。1629—1634年徐光启、李之藻和李天经先后以西法督修历法，任用西方人汤若望（德）、罗雅谷（意）、龙华民（意）、邓玉函等修成《崇祯历书》，共46种137卷。

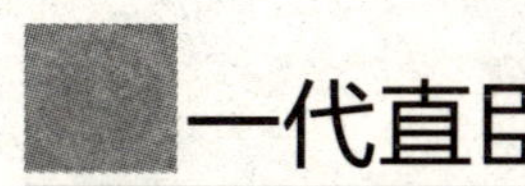

一代直臣郭琇

◎是非久自见，不可掩也。——《晋书》

郭琇（1638—1715），字瑞甫，号华野，即墨城郭家巷人。清康熙九年（1670）中进士，清康熙十八年（1679）授吴江县令。处事精明干练，善断疑案；征收田赋时实行“版串法”，以杜绝吏役舞弊自肥之风。在任七年，“治行为江南最”。清康熙四十年（1711），郭琇曾多次以病请求辞官，康熙皇帝以“思一人代之不可得”为由予以拒绝。翌年，郭琇因具报苗民起义情况不实，遭权臣借机排斥，被罢官。清康熙五十四年（1715）病故于即墨。

清康熙九年（1670），郭琇考中进士，出任吴江县令。他精明干练，善断疑案，两袖清风，爱民如子，政绩为江南第一。

后来，郭琇升任江南道御史，上《参河臣疏》，弹劾河道总督靳辅在户部尚书佛伦的支持下，治河措施不当，致使江南地区困于水患，百姓怨声载道。康熙见了奏章，勃然大怒，靳辅被罢官，佛伦被降职，郭琇升任佥都御史。

接着，郭琇又冒着丢官丧命的风险，上《纠大臣疏》，弹劾势焰熏天的武英殿大学士明珠，揭发他结党营私，排除异己，贪污受贿等罪行。

明珠是满洲正黄旗人，由于对康熙忠心耿耿，在平定三藩时立了大功，因而成为康熙的股肱大臣，官升武英殿大学士。不料，小人得志，忘乎所以，明珠竟骄纵起来。

康熙二十七年，明珠53岁大寿，文武百官都来给明珠拜寿。明珠府上热闹非常，明灯高悬，达官贵人鱼贯而入，传呼之声不绝于耳。酒席上山珍海味，凤肝龙胆。明珠身穿一品官服，端坐中堂，满面红光，接受一批又一批官员的大礼参拜。

将近中午时，门上传呼："御史郭大人到！"

明珠心里一动，想道："都说郭琇刚正不阿，遇事敢言。今天也能来给我祝寿吗？"

郭琇进了中堂，递上一个红包。明珠认为这一定是礼单，便叫下人收下了。郭琇接过一杯酒，一饮而尽，回身便走，旁若无人，走出大门而去。

明珠见状，心里犯起疑来，忙叫人将郭琇的礼单呈上。明珠将礼单打开一看，大吃一惊，顿时脸色铁青，汗下如雨。原来，这哪里是礼单，竟是一篇弹劾他的奏章。

原来郭琇进京后，了解了明珠的所作所为，于是详列他的罪状，上书弹劾他。然后，又将奏章的副本用红纸包好，直奔明珠府第，明珠看到的正是郭琇所上奏章的副本。

康熙见了郭琇的奏章，下令将明珠罢官。

不久，郭琇便遭到明珠余党的诬陷，被罢官回乡。

康熙三十八年（1699），康熙南巡，路过吴江县，见当地建有郭琇的生祠，百姓都称他为郭青天。这使康熙深受震动，便有了起用郭琇的念头。

回到德州时，康熙召见郭琇说："朕在吴江县见到了百姓为你修建的生祠，百姓常年供奉不断，都说你是清官，可见你不负皇恩，忠心可鉴。朕要你再赴江南，担任湖广总督，整顿江南风纪，快快整装上任吧。"说罢，御笔写下"赐郭琇'一代直臣'，任湖广总督"几个大字。

◎故事感悟

郭琇为官一任造福一方，连续几年政绩江南第一，充分说明了其鞠躬尽瘁、爱民如子的崇高品质。更为难得的是，郭琇不畏权贵，直言敢谏，刚强不屈，实为后人学习的楷模。

◎史海撷英

康熙开放海禁，废止圈地

康熙八年，康熙诛杀鳌拜，遂废止了鳌拜的所有弊政，如禁海、圈地。

康熙八年（1669）三月八日，康熙颁旨，命永远停止圈地，开放海禁。清初为了遏制明朝末年的海上战斗力，实行海禁。清朝统治者入关后，为满足贵族对土地的主导权和笼络八旗将士，清政府派遣官员到汉族民田跑马圈地。此为清朝严重弊政，于康熙八年废除。

我们熟知的清朝“闭关锁国”的政策源于乾隆于1757年颁布的禁海令，下令除广州一地外，停止厦门、宁波等港口的对外贸易，这就是所谓的“一口通商”政策。

康熙是清朝历史上在位时间最长的皇帝。他文武双全，既精通传统文化，又涉猎西方科学；既能上马左右开弓，御驾亲征击退噶尔丹，又能治国安邦善于管理。他运筹帷幄，决胜千里，坐镇北京取得了对三藩、沙俄的战争胜利，收复台湾，显示了康熙卓越的军事指挥才能。另一方面，康熙有着过人的政治眼光和手腕。康熙创立“多伦会盟”取代战争，联络蒙古各部；以条约确保了国家在黑龙江的领土不被侵犯；康熙还特别重视教育，包括自己子女，奠定了持续100多年的“康乾盛世”。

◎文苑拾萃

京剧的形成

京剧源于明朝的昆曲和京腔，形成于乾隆、嘉庆年间。京剧是中国的“国粹”，已有200年历史。京剧之名始见于清光绪二年（1876）的《申报》，历史上曾有皮黄、二黄、黄腔、京调、京戏、平剧、国剧等称谓，系乾隆五十五年（1790）四大徽班进京后与北京剧坛的昆曲、汉剧、弋阳、乱弹等剧种经过五六十年的融会，衍变而成，是中国最大戏曲剧种。其剧目之丰富、表演艺术家之多、剧团之多、观众之多、影响之深均为全国之冠。

京剧是综合性表演艺术，集唱（歌唱）、念（念白）、做（表演）、打（武打）、舞（舞蹈）为一体，通过程式的表演手段叙演故事，刻画人物，表达“喜、怒、哀、乐、惊、恐、悲”思想感情。角色可分为生（男人）、旦（女人）、净（男人）、丑（男、女皆有）四大行当。人物有忠奸之分、美丑之分和善恶之分，形象鲜明、栩栩如生。

是非分明的高允

◎是是非非谓之知，非是是非谓之愚。——《荀子·修身篇》

高允（390—487），北魏文学家。字伯恭。渤海蓨县（今河北景县）人。初被征为中书博士，迁侍郎，授太子经书。曾与崔浩同修国史，后浩以国史案被杀，他以太子营救得免。

北魏的统治者是鲜卑族拓跋部人。在东晋初年，拓跋部还是我国东北的一个游牧部落，后来吸收了中原文化，逐步建立了封建的经济制度。386年，鲜卑贵族拓跋珪建立了北魏，就是魏道武帝。魏道武帝建立北魏王朝以后，任用了一批汉族士人当他的谋士，其中最有名望的要数崔浩。

崔浩在北魏统一北方的战争中立下了很大功劳，受到北魏三代皇帝的信任。魏太武帝即位以后，他担任司徒，掌握了朝政大权，还派了几十名汉族士人担任各地郡守。这样，他和鲜卑统治者之间就发生了矛盾。

魏太武帝派崔浩带几个文人编写魏国的历史。太武帝叮嘱他们，写国史一定要根据实录。

崔浩和他的同事按照这个要求，采集了魏国上代的资料，编写了一本魏国的国史。当时，皇帝要编国史的目的，本来只是留给皇室后代看的。但是崔浩手下有两个文人偏偏别出心裁，劝崔浩把国史刻在石碑上，让百官看，来提高崔浩的声望。崔浩自以为功大官高，没有什么顾虑，真的花了大批人工和费用把国史刻在石碑上，还把石碑竖在郊外祭天坛前的大路两旁。国史里记载的虽是史实，但是上代的北魏文化还十分落后，有些事情在当时看来是不体面的。过路的人看了石碑，就纷纷议论起来。

北魏的鲜卑贵族认为这丢了皇族的面子，就向魏太武帝告发，说崔浩一批人写国史，是成心揭朝廷的丑事。

魏太武帝本来已经嫌崔浩自作主张，一听这件事，就发了火，命令把写国史的人统统抓起来查办。参加编写的著作郎高允是太子的老师。太子得到这个消息，着急得不得了，把高允找到东宫（太子居住的宫），跟他说："明天我陪你朝见皇上，如果皇上问你，你只能照我的意思答话，别的什么也别说。"高允不知道是怎么回事。第二天就跟随太子一起上朝，太子先上殿见了太武帝，说："高允这个人向来小心谨慎，而且地位比较低。国史案件全是崔浩的事，请陛下免了高允的罪吧。"太武帝召高允进去，问他说："国史都是崔浩写的吗？"

高允老老实实地回答说："不，崔浩管的事多，只抓纲要。具体内容，都是我和别的著作郎写的。"太武帝转过头对太子说："你看，高允的罪比崔浩还严重，怎么能饶恕呢？"太子又对魏太武帝说："高允见了陛下，心里害怕，就胡言乱语。

我刚刚还问他来，他说是崔浩干的。"太武帝又问高允："是这样的吗？"高允说："我犯了罪，怎么还敢欺骗陛下？太子刚才这样说，不过是为了想救我的命。其实太子并没问过我，我也没跟他说起过这些话。"

魏太武帝看到高允这样忠厚直率，心里也有点感动，对太子说："高允死到临头，还不说假话，这确是难能可贵的。我赦免他的罪就是了。"魏太武帝又派人把崔浩抓来审问。崔浩已经吓得面无人色，什么也答不上来。太武帝大怒，要高允起草一道诏书，把崔浩满门抄斩。

高允回到官署，犹豫了半天，也没有写出半个字来。太武帝派人一再催问，高允说："我要求再向皇上面奏一次。"高允进宫对太武帝说："我不知道崔浩还犯了什么罪。如果仅仅是为了写国史，触犯朝廷，也不该判死罪。"魏太武帝认为高允太不识好歹，大喝一声，叫武士把他捆绑起来。后来太子再三恳求，太武帝气消了，才把他放了。

事后，太子埋怨高允说："一个人应该见机行事。我替你告饶，你怎么反而去触怒皇上？我想起这件事，真有点害怕。"

高允说："崔浩做这件事私心重，是有错误的，但是，编写历史，记载帝王活动、朝政得失，并没有错。再说，国史是我和崔浩及其他人一起编写的，出了事，怎能全推给他呢？殿下救我之心，我是十分感激的。但是要我为了活命说违背良心的话，我是不干的。"

魏太武帝到底没有饶过崔浩，把崔浩和他的几家亲戚满门抄斩。但是由于高允的直谏，没有株连到更多的人。据太武帝自己说：要不是高允，他还会杀几千个人呢。

452年，魏太武帝被宦官杀死。

◎故事感悟

说真话是一件不太容易的事情，尤其随着阅历和年纪的增长，越来越多的人开始戴着面具生存，尤其在面对生死问题上。但高允给我们做了一个榜样，即使面对满门抄斩的后果也不昧着良心说假话。

做人做事就要坚守律则，高允的持正不阿表现了一个正人君子的气节和正义之心。

◎史海撷英

北魏太武帝灭佛

北魏为了统一北方，巩固在中原的地位，以全民为兵。那时，由于沙门历来可以免除租税、徭役，所以锐志武功的太武帝就在太延四年（438）下诏，凡是50岁以下的沙门一律还俗服兵役。并改信寇谦之的天师道，排斥佛教，并渐次开展灭佛的行动。

寇谦之早年就热衷仙道，修持汉末张陵、张衡、张鲁创立传承的五斗米道，随方士入华山、嵩山学道修炼，自诩曾有太上老君授他天师之位及《云中音诵新科之诫》20卷。后来，寇谦之把儒家学说和佛教经律论及斋戒祭祀仪式吸收到道教中来，重新改造五斗米道，使北魏帝王容易接纳。

◎文苑拾萃

太和五铢

太和五铢是北魏孝文帝元宏于太和十九年(495)铸造的钱币。形制类五铢钱，然制作粗疏。“太和五铢”四字呈方折篆体，直读，光背。因许民间自铸，故铜质混杂，大小不一。大者径2.5厘米、重约3.4克，小者径2厘米、重2.5克左右。太和五铢铸行有限，流通仅在京师洛阳一带，未成北朝之统一通用货币，故传世及出土数量亦少。

苏轼直言国事

◎三军可夺帅也，匹夫不可夺志也。——孔子

苏轼（1037—1101），字子瞻，又字和仲，号“东坡居士”，世人称其为“苏东坡”，汉族，眉州（今四川眉山，北宋时为眉山城）人，祖籍栾城。北宋著名文学家、书画家、词人、诗人、美食家，唐宋八大家之一，豪放派词人代表。其诗、词、赋、散文均成就极高，且善书法和绘画，是中国文学艺术史上罕见的全才，也是中国数千年历史上被公认文学艺术造诣最杰出的大家之一。其散文与欧阳修并称欧苏；诗与黄庭坚并称苏黄；词与辛弃疾并称苏辛；书法名列“苏、黄、米、蔡”北宋四大书法家之一；其画则开创了湖州画派。

苏轼和他的父亲苏洵、弟弟苏辙被称为“三苏”，与汉末的“三曹父子”齐名。作品有《东坡七集》、《东坡乐府》等。

苏轼在政治上属于旧党，他与主张变法的王安石在政见上有很大的分歧，也曾受到过排挤，但他并没有因为这些而心存不满怀恨在心。尽管他与王安石有分歧，却对事而不对人，并没有将新法一概否定，而是充分肯定新法中积极的一面。

北宋初期，制订了一种差役法，到王安石变法前一直沿用。一种法律，只有在推广应用的过程中，才会逐渐地暴露出存在的问题。民户们在充役时并不懂各项劳役的技艺要求，监督的官员又暴虐地驱使责打，有的民户因应差而破产，地狭人众之乡，竟也有终岁服不完劳役的。王安石在宋神宗时改为“免役法”，使民户按等第高下交钱，以钱雇役。但这往往又会成为一种新的负担，直接的受害者还是普通百姓。

其实，王安石的变法是为了民富国强，希望能够以此扭转北宋积贫积弱的局面，使北宋王朝的统治能够得以巩固。

但变法触犯了保守派的利益，遭到保守派的反对。因此，王安石在熙宁七年第一次被罢相。由于王安石与宋神宗在如何变法的问题上产生分歧，王安石复相后仍得不到更多支持，不能把改革继续推行下去。加上变法派内部分裂，其子王雱的病故，王安石于熙宁九年第二次辞去宰相职务，从此闲居江宁府。

宋哲宗元祐元年（1086），保守派得势，此前的新法都被废除。政局的逆转，使王安石深感不安，当他听到免役法也被废除时，不禁悲愤地说："亦罢至此乎！"不久便溘然病逝。

新法失败后，反对新法的司马光代替王安石为相。司马光只知免役法之害而不知其有利于百姓的一面，制定了恢复差役的政策，安排主管人员，设置专门机构，苏轼也在其中任职。

关于这件事，苏轼不从成见出发，而是直陈自己的观点，他说："法律有连续性，事情才容易办，事情只有逐渐进行百姓才不会受到惊扰。现在您要骤然罢免役法而行差役，这不是一件容易办到的事。"

意见反映到宰相那里，司马光对此不以为然。苏轼仍坚持自己意见，又到政事堂去陈述。司马光这次可急了，愤怒地指责了他，但苏轼无所畏惧，继续说："以前韩琦曾就陕西义勇的事务提出主张，您当时是谏官，当堂与他争辩十分尽力，韩琦为此很不高兴，您并不顾忌这些。我过去曾亲耳听您说过当时的详细情况，怎么今天您当了宰相，就不许我把话说完呢？"司马光也被他责问得笑了起来。

苏轼就是这样守正不阿。他为官清正，为民兴利除弊，政绩颇多，口碑甚佳。至今，在黄冈、杭州、海南岛等地区，都有苏轼的祠庙。

◎故事感悟

苏轼体国爱民，直言敢谏，他的人品正如他的诗一样豪迈正直。苏轼持正不阿、不畏权势的崇高品质和他的事迹在历史的长河中经久流传，深受后人称赞。

◎史海撷英

苏轼和王安石的矛盾

王安石和苏轼都是少年得志的人。王安石22岁考中进士，苏轼小王安石16岁，23岁那年考中进士，两人都被视为栋梁之才，而且皆以诗文名世。两人真正的交锋是从宋神宗熙宁二年（1069）开始的。当时，苏氏兄弟服完父丧回到京师，苏轼被任命为直史馆、权开封府推事。此时，受到神宗信任，担任中书门下平章事（宰相）的王安石正大力推行变法新政。这样，两个大文豪同朝为官，争端便由此而起了。

王安石以“人言不足恤，祖宗不足法，天变不足畏”的勇气锐意改革，但关键的问题是，在错综复杂的社会情况面前，在“以保守为天性，遵无动为大之教”的国人、尤其是官僚士大夫面前，改革的动作到底是激进好抑或是渐进好？王安石思想竣急，无论是起用新人，还是施行新法，都体现了大刀阔斧的超常风格。而苏轼呢，他并非不主张变革，他只是希望不要“太急”了，因为“法相应则事易成，事有渐则民不惊”。因此，两个人的政见也就凿枘难合。

◎文苑拾萃

念奴娇·赤壁怀古

（北宋）苏轼

大江东去，浪淘尽，千古风流人物。故垒西边，人道是，三国周郎赤壁。乱石穿空，惊涛拍岸，卷起千堆雪。江山如画，一时多少豪杰。

遥想公瑾当年，小乔初嫁了，雄姿英发，羽扇纶巾。谈笑间，樯橹灰飞烟灭。故国神游，多情应笑我，早生华发。人生如梦，一樽还酹江月。

持节不变的洪皓

◎苟利国家，不求富贵。——《礼记·儒行》

洪皓（1088—1155），字光弼。徽宗政和五年（1115）进士。历台州宁海主簿，秀州录事参军。宋代词人。

南宋朝廷中除了文天祥，还有一位被誉为与汉朝苏武不相上下的坚守气节的大丈夫，那就是洪皓。

洪皓自小便有气节和志向。他的一生真可以用一段话来总结：贫贱不能移，富贵不能淫，威武不能屈。

他曾出使金国，结果在那被流放于冷山15年，受尽艰辛，但其始终持节不变，而且为官无私爱民，受人景仰。

洪皓政和五年进士及第，宣和年间，被任为秀州司录。当地发大水，百姓流离失所，洪皓向太守请求让自己担起拯救灾荒的任务，打开粮仓减价卖给灾民，百姓受益甚多。

此时，正逢从浙东运往都城的米纲从城下经过，洪皓请求太守留下粮食救济百姓，太守知道私截皇粮是杀头之罪，认为万万不可为。洪皓大义凛然地说："我愿以自己一人的性命来换10万人的性命。"百姓都被他深深感动，称呼他为"洪佛子"。

后来秀州军队叛乱，肆意抢掠，无一人幸免，但路过洪皓家门口却不敢冒犯，说道："这是洪佛子的家。"

高宗建炎三年，洪皓被派出使金国。金大将完颜宗翰强迫其任南宋叛臣刘豫的伪官，洪皓严词拒绝，宁死不屈。完颜宗翰大怒，想要杀他，旁边的金国官员赞叹洪皓是真正的忠臣，跪下为他求情，洪皓才免于一死，但被流放到冷山一带（今吉林农安北面）。冷山非常寒冷，四月草生，八月就开始下雪。住在山洞里，有时两年都得不到食物，盛夏时仍穿着厚厚的粗布衣服。遭遇大雪时，柴火烧完，只能用马粪燃火煨面来吃。在此期间，金人不死心，经常来劝降，洪皓始终不为所动。后来金主听说他的声名，想任他为翰林直学士，洪皓坚辞不受。

洪皓在金国很长时间处境恶劣危险，但他坚守气节，连金人都非常敬佩。他所写的诗文，金人都争着传诵刻版印刷。

虽然身处危困之地，但洪皓仍竭尽全力帮助大宋朝廷探听消息，以及救济帮助流落至此的宋室贵族子弟。

绍兴十二年（1142），金与宋议和，金主因生子而大赦天下，洪皓得以南归。从洪皓出使到回国，在金国流放了15年之久。一起去的13人中，只有洪皓、张邵、朱弁得以活着回来。而以忠义闻名天下的，只有洪皓一人。

在内殿见到皇帝后，他没有居功自傲，而是请求返回家乡奉养母亲。皇帝说："您忠贯日月，志不忘君，即使苏武也比不过你，怎可舍我而去呢！"

洪皓回国后，金的使者来了，一定会询问洪皓现在做什么官，住在哪里。

洪皓后来在论事中对秦桧说：不可苟安钱塘。结果被秦桧所嫉恨，屡次以谗言陷害，致使其多次被贬，在外流离辗转任职十多年，最后在南雄州病逝，终年68岁。

他死后第二天，秦桧也死了，但是历史给予洪皓和秦桧的评价却是天壤之别。洪皓因为持节不变而彪炳青史，万世流芳；秦桧最终跪在岳飞坐像前数百年之久。

皇帝听说洪皓去世，很是叹惜，赠其敷文阁直学士，赠官四级，谥号"忠宣"。

◎故事感悟

洪皓不畏权势，直言敢谏，刚强不屈，充分体现出了一代直臣应有的正直本色。由于洪皓持节不变，因此历史给予他以很高的评价。

◎史海撷英

诗人洪皓

洪皓知识渊博，“书无所不读，虽食不释卷”，不但精通经学、史学，也精通诗文词赋。留金期间曾经写下上千首诗词，金人“争抄诵求锓锌”，后来大部分散逸。今《鄱阳集》所存数十首，皆清新朴实，含义深远。洪皓又曾同张邵、朱弁写诗唱和，集成《轩唱和集》三卷，今已不存。洪皓还“善琴弈”，“能别三代彝器”，识书画。留金期间，他通过言传身教，将汉文化向北传播。著名的故事如“无纸则取桦叶写《论语》、《大学》、《中庸》、《孟子》传之，时谓‘桦叶四书’”（徐梦莘:《三朝北盟会编》炎兴下帙六十六引《金虏节要》）。他通过教授金人读书和其他接触方式，与许多女真人结下了深厚的友情。女真人把洪皓视为知心朋友，热情地邀请他参加婚礼、礼佛、生产等活动。他每到一地，人们“争持酒食相劳苦”。在涿州，过鞑靼帐，“其酋闻洪尚书名，争邀入庐，出妻女胡舞，举浑脱酒以劝”（《容斋五笔》卷三）。

◎文苑拾萃

点绛唇（咏梅）

洪皓

不假施朱，鹤翎初试轻红亚。为栽堂下。更咏樵人画。
绿叶青枝，辨认诗亏价。休催也。忍寒郊野。留待东坡马。

方苞折王相

◎时危见臣节，世乱识忠良。——鲍照

方苞（1668—1749），字灵皋，一字凤九，晚年号望溪，汉族，安徽桐城人，生于江苏六合之留稼村。清代散文家，是桐城派散文的创始人，与姚鼐、刘大櫆合称桐城三祖。

康熙五十年（1711），戴名世因著《南山集》获罪被斩，方苞受牵连被逮捕下刑部狱。因名学者李光地极力营救，始得出狱。康熙皇帝知道方苞极有才学，仍招他入置南书房，不久提升为武英殿总裁。乾隆皇帝时，提升他为礼部右侍郎。后来又遭到弹劾，被罢了官，但仍被乾隆留在三礼馆编审书籍，直至75岁时自请免职回籍为止。

方苞禀性刚毅、憨直，遇到什么事都要争个是非、对错，因此得罪了不少人。他曾经与履恭王一起共事，每次履恭王做错了事，他总要争个不休。一次履恭王被惹恼了，忍不住恶语相加，骂他道："秃老头子，你怎么敢这样做？"

方苞反唇相讥道："王爷的话有一股马身上的汗臭味。"

履恭王大怒，进宫奏请乾隆，要处置方苞。乾隆多次劝阻，履恭王才罢休。

又有一次，方苞去相国查郎阿的府邸，查郎阿的门官仗势不去禀报，方苞怒极，举起自己的手杖叩击那个门官的脑袋，打得他头破血流。门官像疯了一样跑进府内告诉了查郎阿，查郎阿立即迎了出来。二人相见后，方苞道：“你是当今天子的左右手，应该以谦和恭敬来对待你的下属，怎么可以纵容你的仆佣忤逆天子手下的臣子？你大错了！”

说完就要告辞，查郎阿再三致歉才算完事。

此后方苞再一次来到查府，那个门官边跑边大声喊道：“那个抡拐杖的老头子又来了！”

◎故事感悟

方苞直言敢谏，不畏相国权势，怒打门官，被传为一段佳话。他这种持正不阿、不畏权势的品质值得学习。

◎史海撷英

桐城派散文创始人

方苞是清代桐城派散文的创始人，他尊奉程朱理学和唐宋散文。他据《史记·十二诸侯年表序》所谓孔子“约其辞文，去其繁重，以制义法”，提倡写古文要重“义法”。他说：“‘义’即《易》之所谓‘言有物’也；‘法’即《易》之所谓‘言有序’也。意以为经而法纬之，然后为成体之文。”提出文章要重“清真雅正”和“雅洁”，他说古文中“不可入语录中语，魏晋六朝人藻丽俳语，汉赋中板重字法，诗歌中隽语，《南、北史》佻巧语”，认为归有光的散文，“其辞号雅洁，仍有近俚而伤于繁者”。又说：“凡无益于世教、人心、政法者，文虽工弗列也。”在《再与刘拙修书》中，方苞反对黄宗羲、颜元的反程朱理学的思想，持论严而拘，但能适合清朝巩固思想统治及文风的需要，所以其说得以流行，影响颇大。

方苞自己写的散文，以所标“义法”及“清真雅正”为旨归。读经、子、史诸札记，以及《汉文帝论》、《李穆堂文集序》、《书卢象晋传后》、《左忠毅公逸事》、《与李刚主书》、《孙征君传》、《万季野墓表》、《游潭柘记》等，都写得简练雅洁，没有枝蔓芜杂的毛病，开创了清代古文的新面貌。但感情比较淡泊，形象性不强，气魄不够宏大。袁枚讥笑他“才力薄”，姚鼐也说他：“阅太史公书，似精神不能包括其大处、远处、疏淡处及华丽非常处。”

◎文苑拾萃

《南山集》

《南山集》，又名《戴南山集》，清戴名世（1653—1713）撰。戴名世，清代文学家，安徽桐城人。康熙四十一年（1702），戴名世的弟子尤云鹗把自己抄录的戴氏古文百余篇刊刻行世，由于戴氏居南山冈，遂命名为《南山集偶抄》，即著名的《南山集》。

康熙五十年（1711）十月，左都御史赵申乔以“狂妄不谨”的罪名弹劾戴名世，表面原因就是《南山集》。后来此案牵连人数达 300 人之多，是清前期较大的一桩文字狱案。此后，南山集被封，直至清中叶道光以后，南山集才多留传于世。

陈小官和和珅

◎但令身未死，随力报乾坤。——文天祥《即事》

陈小官，冀州人，他的乡亲见他做了七品小京官，都称他为陈小官，反而不提他的本名了。

陈小官为人刚正不阿，在乾隆时期颇有名气。

陈小官的家与权臣和珅为邻。当时，和珅权势正盛，很看重陈小官的名气，总想把陈小官拉到自己的门下。

和珅掌权时，朝中大臣争着趋炎附势，以能与和珅攀谈几句为荣。而陈小官却不卑不亢，不肯奉承他，从不到和珅家去拜访。

两家相邻，时间一长，两家的仆人时常带着两家的小孩儿在一起玩，玩得很开心。

有一天，和珅家的仆人带着陈小官的儿子到和珅府上玩，和珅一见便问："这是谁家的孩子啊？"仆人回答说："这是陈小官的儿子。"和珅见孩子长得可爱，便将他拉到面前，问这问那。那孩子才四五岁，但一点也不怕生，随问随答，快得像回声一样，不由得和珅心中大喜，爱得不得了。于是，便让仆人示意陈小官，如果肯让儿子做和珅的义子，陈小官立即可以做大官。陈小官家里的人一听，心都动了。但是，陈小官不为所动，编了一些客气话婉言谢绝了。

和珅仍想和陈小官拉上关系，于是时常派仆人给陈小官的儿子送些点心和玩具，想打动陈小官。

陈小官对家里的人说："我们两家比邻而居，不可拒人于千里之外，把礼物收下吧。”他每次收下礼物后，过一两天，就给和珅家的小孩子买更多的点心和玩具，让仆人送过去。而他自己从不登和珅之门，更无片言只字相谢。

后来，和珅被抄家赐死，而陈小官因查无实据，未受到株连。人们都说陈小官刚正不阿，既保了自己，也保了一家人的性命。

陈小官对人说：“都怪我择邻不慎，同和珅做了邻居。当时，拒之则有祸，近之则同罪。数年来，我一直不得安眠，以后可以高枕无忧了。”

◎故事感悟

陈小官不趋炎附势，充分体现了一代直臣不阿权贵、崇尚操守、持正不阿的宝贵品质，这种品质也让我们后辈敬佩。

◎史海撷英

《四库全书》的编纂历史

乾隆三十七年（1772）十一月，安徽学政朱筠提出《永乐大典》的辑佚问题，得到乾隆皇帝的认可，接着便诏令将所辑佚书与“各省所采及武英殿所有官刻诸书”，汇编在一起，名曰《四库全书》。这样，由《永乐大典》的辑佚便引出了编纂《四库全书》的浩大工程，成为编纂《四库全书》的直接原因。

《四库全书》的编纂过程共分四步：第一步是征集图书。征书工作从乾隆三十七年（1772）开始，至乾隆四十三年（1778）结束，历时七年之久。为了表彰进书者，清廷还制定了奖书、题咏、记名等奖励办法：“奖书”即凡进书500种以上者，赐《古今图书集成》一部；进书100种以上者，赐《佩文韵府》一部。“题咏”，即凡进书百种以上者，择一精醇之本，由乾隆皇帝题咏简端，以示恩宠。“记名”即在提要中注明采进者或藏书家姓名。在地方政府的大力协助和藏书家的积极响应下，征书工作进展顺利，共征集图书12237种，其中江苏进书4808种，居各省之首；浙江进书4600种，排名第二。私人藏书家马裕、鲍士恭、范懋柱、汪启淑等也进书不少。

第二步是整理图书。乾隆皇帝为了存放《四库全书》，效仿著名的藏书楼“天一阁”的建筑建造了南北七阁。乾隆四十六年(1781)十二月，第一部《四库全书》终于抄写完毕并装潢进呈。接着又用了将近三年的时间，抄完第二、三、四部，分贮文渊阁、文溯阁、文源阁、文津阁珍藏，这就是所谓“北四阁”。从乾隆四十七年(1782)七月到乾隆五十二年(1787)又抄了三部，分贮江南文宗阁、文汇阁和文澜阁珍藏，这就是所谓“南三阁”。每部《四库全书》装订为36300册，6752函。七阁之书都钤有玺印，如文渊阁藏本册首钤“文渊阁宝”朱文方印，卷尾钤“乾隆御览之宝”朱文方印。

◎文苑拾萃

福字碑

和珅当年秘密地将康熙皇帝写给孝庄皇太后的福字碑从皇宫内偷窃出来，并安装在自己家花园内的假山洞中，并将假山修成龙形。现在依然存于该假山下的福字碑的“福”字为康熙御笔之宝，隐于密云洞中，谓之“洞天福地”。康熙皇帝亲笔所书的这个“福”字刚劲有力，颇具气势，右上角的笔画像个“多”字，下边为“田”，而左偏旁极似“子”和“才”字，右偏旁像个“寿”字，故整个“福”字又可分解为“多田多子多才多寿多福”，巧妙地构成了福字的含义，极富艺术性，且意味深长。更为珍贵的是，碑的右上方刻有康熙的玉玺以镇福，因此此“福”字被誉为“天下第一福”。

烧车御史

◎寄治乱于法术，托是非于赏罚。——韩非子

谢振定（1753—1809），字一斋，号芗泉，湘乡人。乾隆庚子进士，改庶吉士，授编修。负经世才，尚气节，能古文辞，历官御史，罢，复起礼部员外郎。嘉庆元年（1796），怒烧和珅之车，史称“烧车御史”。有《知耻斋集》、《清史列传》传于世。

谢振定有经世之才，崇尚气节，刚正不阿。他对和珅横行不法、为害国家早就不满，立志要灭一灭和珅的威风。

有一天，和珅的一个小妾的弟弟乘坐和珅的一辆豪华车子在街上横冲直撞。路人见是和府的车子，敢怒而不敢言，都远远地避开了。

这时，正在巡城的御史谢振定恰遇这辆马车疾驰而来，他马上命令随行的士兵将车上的人带过来。

旁边的护卫告诉谢振定说：“这人是和珅的手下，他的姐姐是和珅的一名爱妾。这人平日横行惯了，请御史大人还是不要惹他为好。”

谢振定一听是和珅的人，顿时怒不可遏，大喝一声：“给我把这奴才抓起来！”随着谢振定一声令下，随行的士兵立刻快马追上去，将车上的人从车子里揪了下来。

那人被带到谢振定面前，出言不逊，态度极其顽劣。谢振定勃然大怒，命令士兵剥去他的衣衫，责打一顿，一边打一边说：“竟敢在京城横冲直撞，真是无法无天了。”

接着，谢振定命令士兵将那辆豪华的车子烧掉。火焰冲天而起，围观的

人越来越多，无不拍手称快，都称谢振定是“烧车御史”。

谢振定对在场的人说：“这样的车子，宰相怎么可以再坐啊！”

后来，谢振定的儿子谢兴蛲考中进士，做了河南裕州知州。因政绩优异，道光皇帝接见了他。听他满口京腔，道光皇帝奇怪地问：“你是湖南人，怎么会说京腔啊？”谢兴蛲回答说：“我父亲振定公曾在京城做官，我出生在京城，因此会说京腔。”

道光皇帝一听，十分高兴，立即提拔谢兴蛲为知府。

第二天，道光皇帝对军机大臣说：“我小时候听说过‘烧车御史’，没想到昨天见到了他的儿子。”

◎故事感悟

谢振定爱憎分明，刚正不阿，不畏权势，怒烧恶奴豪车。他这种不屈服于权势的品质值得学习。

◎史海撷英

松锦大战

松锦大战又称松锦之战，是由皇太极发动，明、清双方各投入十多万大军的一场战役，从崇祯十二年(1639)二月，到崇祯十五年(1642)四月，战争经历了三年，此役是明清双方的最后关键一役。松锦大战标榜着明朝在辽东防御体系的完全崩溃。明朝在辽东的最后防线仅剩下山海关的吴三桂部。从此，明朝山海关外仅剩下宁远一座孤城，关宁锦防线彻底被摧毁。

◎文苑拾萃

《黄埔条约》

道光二十年(1840)六月，英国远征军到达中国海域，鸦片战争爆发。战争伊始，骄傲自大的道光认为英军不堪一击。但随着战事的发展，英军围困珠江口、攻占浙江定海、直逼天津大沽，使得道光大为震惊，忙派琦善等人与英军谈判，最后对外妥协，查办林则徐、邓廷桢、杨芳等主战派，重用穆彰阿、琦善、奕山等人，重新开放广州。然而，英军并不满足于此，他们继续对虎门、宁波、厦门等地进行攻击，并于1842年攻占吴淞。道光二十二年（1842）八月二十九日清政府与英国签下了中国近代史上的第一个不平等的条约——《南京条约》。

条约规定：中国割让香港给英国，赔偿英国共2100万银元，开放广州、福州、厦门、宁波、上海为通商口岸等。此后，清政府又与法美等国签订了中法《黄埔条约》和中美《望厦条约》，使中国沦为半殖民地半封建社会。

张悌殉国

◎金石有声，不动不鸣；管箫有音，不吹无声。——老子

张悌（236—280），字巨先，襄阳人，三国时孙吴大臣。吴景帝永安年间（258—263）为屯骑校尉，官至丞相军师。

当吴乌程侯孙皓听到晋朝安东将军王浑带领军队南下的消息时，曾派丞相张悌和丹阳太守沈莹、护军孙震、副军师诸葛靓（字仲思）带领三万人马渡过长江去迎敌。队伍走到牛渚的时候，沈莹说："晋朝水军训练有素，而我军新近失败，名将阵亡。过江交战未必能胜，不如坐守江南。"

张悌说："东吴将亡，人所共知。与其坐以待毙，不如过江决一胜负。为国捐躯，死而无憾。"

于是，他毅然决然地率军渡过长江。

王浑的部将张乔带领七千人马驻守杨荷。张乔看到吴军气势汹汹，已经包围他的军队，觉得硬拼必然失败，就率领部下向张悌投降。诸葛靓认为张乔是诈降，是想等待晋朝大军到来时前后夹击吴军，所以建议把降兵全部杀死。张悌没有听从他的意见。这时，晋朝的扬州刺史周浚、将军薛腾和蒋班率领大军到来。沈莹带五千精兵冲击敌阵，无法取胜。张乔利用这个机会，从背后袭击吴军，吴军大败。诸葛靓拉着张悌的手劝他逃跑，张悌不肯。诸葛靓对他说："国家存亡自有天数，张卿既然没有回天之力，又何必一定求死呢？"

张悌流着眼泪说："仲思，小时候，你家的诸葛丞相就赏识我。我不能辜负一代名贤的知遇之恩。我今天能以身殉国，死而无憾。"

诸葛靓再三拉他走，张悌岿然不动。诸葛靓只好流着眼泪和张悌告别。走出一百多步，他再回头看时，张悌已被晋军杀死。

◎故事感悟

古代为国捐躯者比比皆是，张悌也是其中之一。他为了报答诸葛丞相对他的知遇之恩，一心护主、视死如归的精神感动着世代人们，值得学习。

◎史海撷英

夜半弄权除异己

楚王司马玮入朝后专横跋扈，动辄杀人，太宰司马亮、太保卫瓘非常憎恶他，便密谋夺取他的兵权，把他遣送回他的封地。司马玮的亲信、长史公孙宏和舍人岐盛得知消息后，劝说司马玮主动去接近贾皇后，让贾皇后留下他担任太子少傅。岐盛以前追随过杨骏，卫瓘讨厌他反复无常，打算逮捕他。岐盛便跑到贾皇后那里，诬陷卫瓘和司马亮预谋废除晋惠帝司马衷。贾皇后本来就怨恨卫瓘，对岐盛的话自然深信不疑，因此，便决定除掉这两个人。

西晋惠帝元康元年(291)六月的一天深夜，贾皇后让司马衷撰写诏书，免去司马亮和卫瓘的官职，并逮捕他们。她让司马玮执行这个命令。司马玮犹豫不决，打算面见司马衷问个究竟，传达诏令的黄门说："大王深夜面君恐怕会惊动司马亮和卫瓘，这可不是密诏的本意。"司马玮也想借这个机会泄私愤，于是就统率军队包围司马亮的府邸，并让清河王司马遐去逮捕卫瓘。

司马亮的帐下督李龙，看到外面发生了变乱，请求司马亮调兵抵抗，司马亮不同意。不一会儿，外面的士兵已经爬上了墙头，情况十分危急。司马亮走到庭院中大声说："我对朝廷没有二心，为什么包围我的私宅？请把主上的诏书拿给我看看。"外面的军队只管向里冲击，根本不理睬他的喊叫。长史刘凖拉着他的衣袖说："我看这里面肯定有阴谋，府军有才能的人很多。我们还是尽力抵抗吧。"司马亮还是不同意。又过了一会儿，司马玮的军队冲进了府邸，抓住了司马亮和他的长子司马矩，把他们一并处死。

卫瓘的手下人也怀疑司马遐假冒皇帝诏命，请求卫瓘赶紧上书朝廷，澄清事实，并调兵进行抵抗。卫瓘没有答应。卫瓘担任司空时，帐下督荣晦犯了罪，遭到卫瓘的斥逐。这次，荣晦跟随司马遐来逮捕卫瓘，他不顾众人的劝阻，不由分说地杀死了卫瓘和卫瓘的子孙一共九人。

岐盛劝说司马玮，应当借着军队的气势除掉贾皇后，以扶正王室，安定天下。司马玮踌躇了许久，天已经大亮。太子少傅张华对贾皇后说："司马玮已经杀了司马亮和卫瓘，今后朝廷的大权就要归属他了。现在应当惩处他专擅杀人的罪行。"

贾皇后正想除掉司马玮，所以非常赞同张华的主张。当时朝廷十分混乱，文武官员惶恐不安。张华让司马束派人拿着绣有义兽驺虞的旗帜到司马玮的帐中去宣谕："楚王刚才的行动是诈称主上的命令，大家不要继续受骗！"司马玮周围的人一听，都放下武器逃走了。司马玮茕茕孑立，不知所措，只好束手就擒。他被押送到廷尉那里，处以死刑。临刑时，他掏出藏在怀里的青纸诏书，流着眼泪对监刑尚书刘颂说："我幸运地托先帝之体而出生，却没想到落得如此下场。"公孙宏和岐盛都被处死并灭族。

◎文苑拾萃

贾后之死

太子司马遹遭到陷害，引起朝廷大臣的共愤。右卫督司马雅、常从督许超以前都在东宫任职，对贾皇后的行为深为不满，企图恢复司马遹的地位。由于侍中张华、裴頠明哲保身，难以共事，他们便想利用掌握兵权的赵王司马伦。他们先找到司马伦的亲信孙秀对他说："皇后残暴嫉妒，无故废黜太子，致使国家没有继嗣。孙公在宫中任职，大家都传言孙公参与了皇后的阴谋。现在大臣们要废黜皇后，孙公为什么不先采取行动，为自己正名呢？"孙秀马上去找司马伦。司马伦本来就是个贪鄙狂妄的人，自然愿意这么做。于是他安排通事令史张林和省事张衡等人在宫中做内应，伺机行事。

司马伦打算迅速采取行动，孙秀劝他说："太子刚愎自用，如果让他返回东宫，他肯定不会接受约束。明公一直追随皇后，这一点路人皆知。明公即使为太子立下大功，太子也会怀疑明公是为了逃避罪责。明公就是忍气吞声地服侍他，也难免杀身之祸，不如拖延一下。皇后一定会加害太子，那时明公再出来废黜皇后，为太子报仇，岂不是一举两得吗？"

司马伦觉得他说得很对。

孙秀派人到处散布流言，说大臣们要废黜贾皇后，迎接太子回东宫。贾皇后听后非常害怕。孙秀和司马伦乘机劝她除掉司马遹，断绝大臣们的希望。西晋惠帝永康元年（300）三月二十二日，贾皇后让太医令程据配制毒药，假称晋惠帝司马衷的诏令毒死司马遹。黄门孙虑拿着毒药逼司马遹服食。司马遹不肯，孙虑就用捣药的木杵把他打死。

孙秀和司马伦看到司马遹已死，便决定马上讨伐贾皇后。四月初三三更时分，司马伦假传司马衷的诏令，声称："皇后和侍中贾谧杀死太子，特派车骑将军、赵王司马伦进宫废黜皇后。"并命令皇宫禁军全部服从司马伦的指挥。司马伦让翊军校尉、齐王司马冏带领100名士兵乘夜潜入宫中，把司马衷挟持到东堂，逼迫他下诏召见贾谧。贾谧来到殿前，见势不妙，仓皇逃到西钟下面，大喊："皇后快来救我！"话音未落，脑袋已被砍掉。

贾皇后看到司马冏突然闯进内宫，吃惊地问："你来这儿干什么？"

司马冏冷冷地说："主上下诏让我来逮捕皇后。"

贾皇后根本不相信，她专横地说："诏书都是从我这儿发出的，你哪里来的什么诏书？"

司马冏还未来得及答话，贾皇后已一步跳到门口，远远地向司马衷喊道："陛下连妻子都保护不了，将来怎么保护自己？"

她又回头问司马冏："图谋起事的是谁？"

司马冏回答说："梁王和赵王。"

贾皇后后悔万分，她咬牙切齿地说："系狗应该系脖子，我怎么系在尾巴上，活该有今天的下场！"

贾皇后就这样被废为平民，囚禁在建始殿。第二天，她又被押往金墉。四月初九，她在金墉被毒死。

宁死不为敌伪唱戏

◎临难不顾生，身死魂飞扬。——阮籍《壮士何慷慨》

程砚秋（1904—1958），程砚秋原名承麟。后改为汉姓程，初名程菊侬，后改艳秋，字玉霜，满族，北京人，1932年起更名砚秋，改字御霜。京剧旦角，四大名旦之一，程派艺术的创始人。

1937年7月7日，卢沟桥畔枪炮齐鸣，中国军队奋起抵抗日军的挑衅和进逼，抗日战争的炮火打响了。由于政府准备不充分，华北地区虽部署有不少中国军队，但仓皇应战，除少数部队的官兵拼命抵抗外，多数一触即溃，拔腿南逃。华北大片国土，包括文化古城北平，很快陷入敌手。

“七七事变”时，程砚秋正在山西太原公演。前几天，每日悲、喜剧交替上演，反应极好。演出到第九天，事变消息传来。剧团成员的家小都在北平，北平周围炮火连天，大家都心急如焚！戏无法唱下去了，立时辍演，同仁们包括程砚秋都归心似箭。由于战争，平汉铁路已断，火车不通，程砚秋等被困在了山西，经朋友帮忙，弄到汽车，他们乘汽车去大同，再换平绥路火车，走走停停，才辗转回到北平。

程砚秋滞留山西的消息，传到延安，引起周恩来的关注。周恩来早年看过程不少戏，对他的艺术和为人十分钦敬，闻此曾派人去山西，打算先把程等暂时接到延安再做安顿。人到山西，程砚秋已乘汽车北上了。如果当时程砚秋真被接到延安住上一段日子，直接接触了共产党，也许他后半生的历史将是另一种样子。

程砚秋辗转回到北平，等待着他的却是一座被日本军国主义占领下的毫无生气的死城。不少商店上着门板，路静人稀，日本兵把守着各城门检查行人，就像电视连续剧《四世同堂》中所描述的那个样子。日本兵的刺刀、皮靴，深深地刺伤了程砚秋的心。

故都沦陷，人心不安，很多剧团难于演出，就是演出，观众也寥寥无几。亡国奴的威胁，使人们惴惴不安，哪有心情去看戏。靠吃"开口饭"的戏曲艺人，生活上陷入了危机。

日本军侵占北平后，急于粉饰太平装点门面，恢复"歌舞升平"的局面，遂找梨园公会，胁迫他们组织京剧名角联合唱义务戏，名义是"支援皇军，捐献飞机"。

北京（日军侵占后又复此名）素有唱合作义务戏的传统。一定时期就有以"赈灾"、"救济贫困"等名义的义务戏，很多名角各呈佳剧荟萃一堂的大合作，往往轰动九城，名宦巨贾各界士媛争相观看，票价再高也在所不惜，因为义务戏实在是难得的一次集中欣赏京剧最佳表演之良机。所以，北京一有大义务戏，就成了各报章的重要新闻，采访特写，渲染夸张，爱好京剧的古城观众即使看不上戏，也争相阅读报道，谈论时眉飞色舞、乐此不疲。

日本人和一些依附日本人的民族败类看中了北京人的心理，想用办大义务戏的方法，繁荣市面稳定人心，还有"捐献飞机"，那唱戏的和听戏的岂不都是"效忠皇军"的良善子民！

当时梅兰芳早已南迁不在北京。杨小楼以年老多病为托词，日本人一进城就谢绝舞台，并于1938年阴历正月十五病故。在旦角中，以程砚秋名声最盛，所以这场义务戏一定要让程砚秋出台。

在高压下，许多京剧名演员对这场义务戏不敢不唱，硬着头皮答应。梨园公会找程砚秋商量，却碰了个大钉子。

这天，程砚秋正在什锦花园家中闷坐。"秋声社"的经理吴富琴、高登甲陪着梨园公会的人来拜望程砚秋。梨园公会是京剧伶人自己的组织，办事人也是同行熟人，双方客气寒暄落座献茶。大家都知道程砚秋一向刚正不阿、宁折不弯的性格，可事情又不能不和盘托出，于是来人嗫嚅地说：“四爷，您看有这么件事，还得请您帮忙……”

一向彬彬有礼的程砚秋未等对方把话说完，腾地站了起来：“什么？给日本人唱义务戏？我不唱！”来人婉转陈词，希望他能圆这个场，体谅同业的难处。程砚秋斩钉截铁地说：“我不能给日本人唱义务戏，叫他们买飞机去炸中国人。我一个人不唱，难道有死的罪过！谁愿意唱，谁就唱，我管不了。”来人再次劝说，表示大家很怕日本当局，以程在京剧界的地位，若坚决不唱，“对您，对京剧恐怕都不利。”程砚秋气得涨红了脸，愤愤地说：“我一人做事一人当，决不连累大家。献机义务戏的事，我程某人是宁死枪下也决不从命！不妨转告日本人，甭找梨园同业的麻烦，我有什么罪过，让他们直接找我说话就是了！”一番话掷地有声，大义凛然。

◎故事感悟

程砚秋掷地有声的豪言壮语至今仍在我们耳边回荡。他持正不阿，不畏恶势力，保持了崇高的民族气节和爱国精神。

◎史海撷英

早年程砚秋

程砚秋幼年家贫，到荣蝶仙家当“手把徒弟”，开始了学艺生涯。

旧时民间戏曲艺人学艺多采用“师徒传承”的教育方式，这种教育方式大体有四种形式：一曰“设堂授艺”，又称“私寓弟子”；二曰“家塾学艺”；三曰“手把徒弟”，又称“私房徒弟”；四曰“拜师深造”。其中“手把徒弟”学艺最苦。这是因为“设堂授艺”招收的多为梨园世家子弟；“家塾学艺”必是殷实之家，有钱聘请教师；“拜师深造”则是有一定造诣的艺人为了更大的长进和更广的社会认同采取的措施，也有名家为得传人而主动收徒的。如：马长礼唱红之后，杨宝森、马连良均希望收其为徒，经协商马长礼被杨宝森收为徒弟，被马连良认为义子。“杨徒马儿”一时为梨园佳话。而“手把徒弟”则多是家境贫寒的孩子为求谋生之道才投师学艺，因此，入师门之前先要签订相当于“卖身契”的文书，称做“关书大发”。

程砚秋天资聪颖，勤奋好学，13岁时便在天桥东大市浙慈馆票房和丹桂茶园边学戏边“借台演出”。诗人、剧作家罗瘿公慧眼识珠，在得知程砚秋变嗓仍须为师父赴沪演戏后，毅然借款七百银圆为其赎身，使程砚秋提前两年出师。之后，又帮助程砚秋调养嗓子，学习文化，拜谒名师。可谓：培育英才，不遗余力。

程砚秋没有辜负罗瘿公的苦心栽培，在艺术上敢于探索、勇于创新，形成了自己的艺术风格，世称“程派”。程砚秋与“梅派”创始人梅兰芳、“尚派”创始人尚小云、“荀派”创始人荀慧生并称“四大名旦”，名震京城，声播海外。

◎文苑拾萃

京剧脸谱

京剧脸谱，是具有民族特色的一种特殊的化妆方法。由于每个历史人物或某一种类型的人物都有一种大概的谱式，就像唱歌、奏乐都要按照乐谱一样，所以称为“脸谱”。关于脸谱的来源，一般的说法是来自假面具。京剧脸谱艺术是广大戏曲爱好者非常喜爱的一门艺术，国内外都很流行，已经被大家公认为是中华民族传统文化的标志。

中国传统戏曲的脸谱，是演员面部化妆的一种程式。一般应用于净、丑两个行当，其中各种人物大都有自己特定的谱式和色彩，借以突出人物的性格特征，具有“寓褒贬、别善恶”的艺术功能，使观众能目视外表，窥其心胸。因而，脸谱被誉为角色“心灵的画面”。

京剧脸谱是根据某种性格、性情或某种特殊类型的人物而采用某些色彩的。红色的脸谱表示忠勇士义烈，如关羽、姜维、常遇春等；红色用作辅色暗示人物命运，如蒋忠、华雄、高登等；黑色的脸谱表示刚烈、正直、勇猛、粗率，甚至鲁莽，如包拯、张飞、李逵、项羽、杨七郎等；黄色的脸谱表示彪悍、阴险、凶狠残暴，如庞涓、宇文成都、典韦等；蓝色或绿色的脸谱表示一些刚强骁勇、粗犷、桀骜不驯的人物，如窦尔敦、马武、程咬金、公孙胜等；白色的脸谱一般象征阴险狡诈的坏人，如曹操、严嵩、赵高、秦桧、司马懿等。

坚持用中文作报告的丁肇中

◎不为穷变节，不为贱易志。——桓宽

丁肇中（1936— ），美国实验物理学家，汉族，祖籍山东省日照市涛雒。华裔美国人，现任美国麻省理工学院教授，曾获得1976年诺贝尔物理学奖。他曾发现一种新的基本粒子，并以和自己中文姓氏“丁”类似的英文字母“J”将那种新粒子命名为“J粒子”。

华人在自己的祖国聚会，用什么语言交谈？这也许是个毫无疑问的常识问题。谁不知道华人同文同种讲汉语？

然而怪事偏偏就出在同种不同文，华人在华开会竟然“禁说”华语。在上海召开的第四届全球华人物理学家大会上，聚集的学界精英尽管都是黄皮肤黑头发，但从论文汇编到会议网站，从演讲到提问，甚至会场门口的指南，全是英文。有人申请用中文做报告未获准许，只好用不熟练的英文演讲，致使论文原意不能充分表达。一位与会学者认为，大多数报告用中文完全可以讲清楚，而且更容易被听众理解。即使考虑到部分海外华裔学者的需要，至少可以采用中英文双语，但这些要求被组织者以国际惯例为由而拒绝，大有非熟练英语者不得发声的意思。

组织者所谓“国际惯例”，如果不是故意蒙人，就是连起码的常识也不懂。联合国的工作语言有六种，汉语乃是其中之一。倘说“国际惯例”，至少应该是包括汉语在内的六种工作语言同时使用。随着中国国力日渐增强，外国学汉语的人与日俱增，汉语成为世界强势语言的特征已经显现，我们为什么还要崇拜英语到走火入魔的地步？

令人敬佩的是丁肇中教授，他不顾“禁令”，坚持以中文作报告。丁教授的英语水平毋庸置疑，但当他荣获诺贝尔奖发表演说时却用汉语。他说，汉语是他的母语。这一次，丁肇中在用汉语表达学术思想的同时，也表达了超越物理意义的文化情感。中华儿女遍布世界各国，但无论相隔多远，差别多大，他们以通用的汉语作为中华民族的主要标志，这无疑是中华民族大团结形成和巩固之基础。丁肇中教授此举，令人尊敬。

◎故事感悟

记得小时候听老师讲都德的《最后一课》，她说，灭绝一个民族最恶毒、最有效的手段，就是迫使该民族放弃自己的母语。她说，我们靠祖国生存着，我们靠母语发展着——这不是“最后一课”，这是永远的一课！

丁肇中先生坚持用母语，其不妥协的行为充分体现了一个爱国学者持正不阿的高贵品质，令人敬佩！

◎史海撷英

丁肇中领导“阿拉法磁谱仪”实验探索反物质

1998年6月2日，美东部时间凌晨6时零9分，“发现号”航天飞机腾空而起，机内载中、美等国共同研制的“阿拉法磁谱仪”进行运行实验，此举揭开了人类第一次到太空寻找反物质和暗物质的序幕。

阿拉法磁谱仪实验是一个大型国际合作科学实验项目，实验由丁肇中教授领导，包括美国、中国、意大利、瑞士、德国、芬兰等国家和地区的37个研究机构的物理学家和工程师参加，仅中国参加的科学家和工程师就不下200人，其目的是寻找太空中的反物质和暗物质。

这次在航天飞机上运行的“阿拉法磁谱仪”传回的数据，从接收到的1%数据判断，它工作正常，并出现了预想的反质子，但由于数量太少，尚无法据此判断已经发现了反物质。

◎文苑拾萃

麻省理工学院

麻省理工学院（Massachusetts Institute of Technology，缩写：MIT）是美国一所综合性私立大学，有“世界理工大学之最”的美名。位于马萨诸塞州的波士顿，查尔斯河将其与波士顿的后湾区隔开。今天MIT无论是在美国还是全世界都有非常重要的影响力，培养了众多对世界产生重大影响的人士，是全球高科技和高等研究的先驱领导大学，也是世界理工科精英的所在地。麻省理工是当今世界上最负盛名的理工科大学，《纽约时报》笔下“全美最有声望的学校”。

在名称方面，麻省理工学院正确的翻译名应为麻州理工学院，但因为麻省理工学院的译名早在清朝时期便有，就将错就错用之。在北美洲，institute是指（理工、理学、工学、科技、技术或专科性的）学校、学院、大学。依每所学校的各方面学术环境情形的不同，翻译成中文就有所不同。MIT（Massachusetts Institute of Technology）依其学校之院系规模及学术环境翻译成中文应该是“马萨诸塞理工大学”，但大部分说中文的人已经习惯用麻省理工（学院）这个称呼称之。